Collection **marabout service**

110560330

RENÉ BOIREL

Comment vivre sans tensions

techniques
du bonheur quotidien

marabout

© Retz, Paris, 1977.

Les collections **marabout** sont éditées par la S.A. Les Nouvelles Éditions Marabout, 65, rue de Limbourg, B-4800 Verviers (Belgique). — Le label **marabout**, les titres des collections et la présentation des volumes sont déposés conformément à la loi. — Distributeurs en **France** : HACHETTE s.a., Avenue Gutenberg. Z.A de Coignières-Maurepas, 78310 Maurepas, B.P. 154 — pour le **Canada** et les **États-Unis** . A.D.P. Inc. 955, rue Amherst, Montréal 132, P.Q. Canada — en **Suisse** : Office du Livre, 101, route de Villars, 1701 Fribourg.

Sommaire

Avant-propos

Ce livre a été écrit spécialement pour :
— les hommes et les femmes voulant triompher de l'angoisse ou d'une anxiété fréquente qui ternit leur existence ;
— les responsables, toujours sur les nerfs en raison de leurs multiples occupations, qui aspirent à la détente et à un style de vie moins éprouvant, sans abandonner leurs activités ;
— les timides, dont le comportement en public manque assurément de sérénité ;
— les déprimés ;
— les découragés ;
— ceux qui espèrent rencontrer un guide sûr et discret pour se libérer des tranquillisants ou même de la drogue ;
— les blasés ;
— les désespérés ;
— ceux qui ne croient plus au bonheur ;
— ceux qui pensent l'avoir trouvé et désirent le conserver...
— vous qui aspirez à vivre pleinement.
   Qui que vous soyez, l'auteur espère que ce livre correspondra à votre attente, car il tient compte de la diversité de vos besoins.

Première partie

Pour vivre décontracté
aujourd'hui

Introduction

L'homme aspire au «bonheur». Malheureusement, il ne sait pas en quoi il consiste au juste, ni quels sont les moyens qui lui permettraient de parvenir sûrement à cet état de bien-être total, dont il a une vague intuition, mais non une idée précise. Il semble condamné à en rêver, sans être capable de le définir nettement. C'est pourquoi on l'a cherché, et on le cherche encore, dans les directions les plus diverses, voire les plus opposées.

Écoutons Saint-Exupéry : «Tel souhaite la solitude où il s'exalte, tel autre a besoin pour s'exalter des cohues de fête, tel demande ses joies aux méditations de la science [...], l'autre trouve sa joie en Dieu [...] Si je voulais paraphraser le bonheur, je te dirais peut-être qu'il est pour le forgeron de forger, pour le marin de naviguer, pour le riche de s'enrichir, et ainsi je n'aurais rien dit qui t'apprît quelque chose. Et d'ailleurs, le bonheur parfois serait pour le riche de naviguer, pour le forgeron de s'enrichir et pour le marin de ne rien faire. Ainsi s'échappe ce fantôme sans entrailles que vainement tu prétendais saisir*[24].»

Le bonheur n'est pas, à proprement parler, un «objet» saisissable qu'on peut souhaiter de conquérir. Dès lors, même s'il est visé ardemment, il ne saurait être vraiment un «but», avec tout ce que ce mot implique de précision ou du moins de netteté, car il n'a point de signification claire.

En ce sens, le bonheur est l'horizon de nos aspirations, plus que l'objet d'un désir conscient et *a fortiori* celui d'une volonté bien arrêtée.

La décontraction intérieure est à notre portée

Certains s'efforcent d'établir en eux par un entraînement volontaire la «sérénité», ou du moins la décontraction. On désigne ainsi un état d'âme caractérisé sinon toujours par le contentement, du moins par un grand calme intérieur, au point qu'il est considéré comme une approche du bonheur.

L'idée d'une vie détendue est plus précise que celle de bonheur : celui-ci, exprimant une plénitude, est nécessairement une notion limite et traduit une aspiration vers une existence idéale plus qu'un «état» à proprement parler.

Ce livre n'a pas la prétention de dire en quoi consiste vraiment le «bonheur», ce qui impliquerait d'ailleurs une connaissance totale de l'homme et un déchiffrement du sens véritable de son existence. Plus modestement, car son orientation principale n'est pas théorique mais pratique, il propose une voie vers la décontraction efficace.

Obtenir le calme intérieur constitue un but limité certes, mais précis ; il est une étape importante de l'équilibre personnel. S'il ne saurait faire oublier notre aspiration au bonheur, il peut nous permettre de nous en rapprocher beaucoup, dans la mesure où le bonheur est la récompense d'une vie qui a trouvé son équilibre plus que l'objet d'une recherche directe et volontaire.

Renversons la vapeur !

Ne cherchez pas le bonheur dans le futur

Le drame de la condition humaine est d'aspirer au bonheur et de le situer dans une réussite future ou dans la présence à venir de biens et d'êtres qui sont aléatoires, parce qu'ils ne dépendent pas de nous, ou du moins éphémères. Dès lors, nous «plaçons notre bonheur» dans l'espoir de voir se réaliser nos projets d'avenir. Dans ces conditions, comme l'a souligné Pascal, «le seul avenir est notre fin. Ainsi nous ne vivons jamais, mais nous espérons vivre, et nous disposant toujours à être heureux, il est inévitable que nous ne le soyons jamais».

Voulez-vous échapper à ce cercle vicieux de la «condition de l'homme : inconstance, ennui, inquiétude», qui découle de la distorsion entre notre aspiration à un bonheur que nous voudrions vivre dès maintenant, et la visée dans le futur d'un bien qui paraît indispensable à sa réalisation ? Prenez donc appui sur l'intensité même de cette aspiration, qui sourd au plus profond de votre être, pour décider de ne plus faire dépendre votre bonheur d'un avenir incertain, qui est pour vous source d'inquiétudes, et de vous établir dès maintenant dans la décontraction intérieure.

Une décontraction immédiate par la respiration de type abdominal

Vous détendre, vous le pouvez toujours et par des

moyens simples! Ne serait-ce qu'en vous aidant, du moins au début, de quelques mouvements respiratoires qui remodèleront à coup sûr votre vie affective. Vous aspirez à être heureux tout de suite? Inspirez profondément en gonflant votre abdomen! La respiration de type abdominal est plus efficace, en effet, que celle de type thoracique pour établir le calme intérieur car elle s'accompagne d'un massage continu du plexus solaire qui règle notre émotivité. Et c'est toujours à votre portée.

Quand ce premier exercice sera devenu un réflexe, vous pourrez le pratiquer partout, à l'insu de tous, en rythmant intérieurement votre respiration. Vous réactiverez ainsi l'état de bien-être correspondant, qui est une forme de détente intérieure. On a appelé parfois cette décontraction «eurythmie», ou, comme l'indique l'étymologie, état «bien rythmé», car il procède d'un rythme qui régularise notre vie en écartant le trouble d'une vaine agitation.

S'il ne dépend pas de nous d'être d'un «heureux naturel», pas plus que d'avoir une constitution robuste, en revanche nous pouvons nous mettre à volonté dans cet état d'eurythmie parce que, précisément, il provient du rythme respiratoire que nous pouvons toujours modifier. Il nous suffit d'y penser.

Puisque vous aspirez par-dessus tout à être heureux et le plus tôt possible, ne situez donc plus votre bonheur dans la réalisation future, et par conséquent aléatoire, de certains projets qui vous tiennent à cœur : échappez à cette projection vers l'avenir, qui fait de vous un être accaparé par les soucis. Le philosophe contemporain Martin Heidegger n'identifie-t-il pas précisément «l'homme du souci» à «l'homme du projet»? Pour vous libérer de cette fuite en avant qui remet à plus tard votre

bonheur, prenez conscience lucidement du déséquilibre qu'elle provoque en vous! Autrement dit,
concentrez-vous sur ce désir intense d'être heureux
à tout prix et réalisez-le immédiatement en décidant
de vivre cet instant qui vient dans la paix et dans la
joie de la détente intérieure.

Qu'on nous comprenne bien : il ne s'agit pas de
ne plus agir, sous prétexte de cultiver ce calme au
plus profond de soi. Au contraire! La décision de
vivre décontracté doit vous permettre d'être
entièrement disponible pour l'action et la résolution
lucide de vos problèmes, puisque vous ne serez plus
alors paralysé par les soucis et l'inquiétude.

Si vous êtes détendu, vous ne dépenserez plus
inutilement votre énergie en vous inquiétant ou en
étant préoccupé au sujet de l'avenir : vous pourrez
alors employer efficacement vos forces ainsi écono-
misées pour réaliser vos projets.

Priorité à la décontraction !

Vous ne serez plus angoissé à l'idée d'un échec
possible, si vous donnez dès maintenant la priorité à
la décontraction. Qu'elle soit votre préoccupation
immédiate! Ainsi vous ne penserez pas aux aléas de
projets plus lointains. A la différence de ces derniers, il s'agit en effet d'un but réalisable tout de
suite à condition de le prendre pour objectif priori-
taire. Si vous le mettez au centre de votre existence
dès aujourd'hui, vous saurez désormais que les
égratignures de la vie quotidienne ne peuvent
altérer votre calme intérieur, puisque cet ensoleillement de l'âme est renouvelable à volonté, comme
vous allez l'expérimenter.

Répétons-le pour qu'il n'y ait pas de malentendu : il ne s'agit pas de ne plus faire de projets et de se cantonner dans le présent. Nous ne nions pas que le succès dans vos entreprises sera pour vous source de joies futures. Mais dès maintenant, quoi qu'il arrive ultérieurement, vous avez la possibilité d'être détendu, et c'est déjà beaucoup !

Tentez l'expérience et vous comprendrez que la décontraction est sans doute votre bien le plus précieux, celui qu'on ne peut vous ravir, qui dépend entièrement de vous puisqu'il suffit d'une décision personnelle pour l'acquérir et s'y sentir solidement établi.

Quand vous aurez expérimenté que la sérénité est ainsi à votre portée, vous ferez tout pour conserver et entretenir cet ensoleillement de votre cœur, en refusant de vous en laisser détourner par des angoisses que pourrait susciter la pensée de projets à réaliser : sources éventuelles de joies ultérieures s'ils aboutissent, ils ne doivent pas, par les soucis qu'engendre l'idée de leur réalisation, vous faire passer à côté de la décontraction, cette forme de bonheur qui est à votre portée dès maintenant.

Décidez d'être heureux dès aujourd'hui

Dites-vous bien que tant que vous espérez être heureux demain, vous ne l'êtes pas encore. Décidez donc de court-circuiter cette marche effrénée vers les lendemains qui chantent, en prenant dès maintenant une assurance sur le bonheur. Tant mieux si les projets qui vous sont chers réussissent ultérieurement ; en attendant installez-vous déjà dans la détente intérieure.

Autrement dit, commencez par faire provision de

bonheur; en vous épanouissant tout de suite, vous anticiperez sur votre réussite à venir. Prenez conscience que vous aspirez, au plus profond de vous, à être heureux le plus tôt possible et même, si cela se pouvait, immédiatement : espérer l'être un jour, c'est risquer de ne l'être jamais. «Être heureux maintenant, ou jamais», telle est la devise qu'il faut adopter si vous voulez vivre un bonheur toujours à votre portée.

Et tant mieux si vos espoirs se réalisent et vous comblent de joies supplémentaires! En attendant — mais sans attendre! — vous connaîtrez un bonheur qui certes n'est pas total, mais que beaucoup vous envieront dès qu'il sera devenu habituel au point d'illuminer votre visage.

En d'autres termes, nous vous proposons de renverser la vapeur du train de pensées qui vous préoccupent ou même vous inquiètent. Au lieu d'être tendu vers le futur et d'en rêver ou d'en trembler, constituez-vous — et c'est facile, puisqu'il suffit de le décider ainsi en prenant conscience des conséquences néfastes de l'attitude contraire — une aire de jubilation intérieure permanente, qui sera pour vous non pas un refuge hors du réel, mais une base de départ vers l'action efficace.

Si vous êtes aux prises avec un «ennui» sérieux, ne dites plus : «Quand cela sera passé, je serai heureux.» Certes, votre joie sera grande alors. Mais dès maintenant vous avez la possibilité d'envisager avec décontraction les difficultés, à condition de le décider ainsi en cultivant ce calme sourire intérieur. Trouvez dans l'intensité même de votre aspiration au bonheur l'énergie nécessaire pour vous libérer des pensées moroses : prenez appui sur la force de cette aspiration pour lui donner satisfaction tout de suite en adoptant une attitude sereine.

Et cela, non pas en abandonnant vos projets d'avenir ou vos activités, mais au contraire en vous mettant en meilleure forme pour aborder les obstacles et en triompher. Libre artisan de votre décontraction, vous aurez une plus grande probabilité de «saisir la chance» quand elle se présentera : la joie intérieure ne permet-elle pas d'aborder les problèmes de la vie pratique avec plus de calme et, par suite, plus de lucidité que les états dépressifs? En somme, pour être efficace et finalement plus heureux par la suite, soyez décontracté dès maintenant!

Pour cela, nous vous recommandons les exercices suivants qui vous aideront à mettre en pratique cette nouvelle manière de vivre : ils vous permettront, au lieu de viser un «bonheur» futur, de réorienter plus efficacement votre existence quotidienne vers la décontraction dans le présent.

EXERCICES

● **Vos gammes de décontraction**
Le but de cet exercice est de procurer le bien-être d'un moment de décontraction, afin de faire naître le besoin de l'éprouver à nouveau le plus souvent possible. Il s'agit d'établir en soi la détente par le contrôle de la respiration : une respiration au rythme très régulier chasse les crispations qu'entretient au contraire une respiration saccadée. Les sages de l'Orient l'ont souligné, ainsi que les rationalistes, comme Descartes dans son «Traité des passions de l'âme» : c'est en rythmant sa respiration qu'on devient maître des rythmes de la vie affective.

Puisqu'il s'agit d'acquérir de nouveaux rythmes psychosomatiques, faites donc chaque jour vos «gammes de décontraction», en pratiquant la respiration de type abdominal, ou une gymnastique respiratoire si vous en avez l'habitude, le matin notamment et aux principaux moments de repos de la journée. Si vous êtes très contracté, vous pourrez accroître sans inconvénient la fréquence de vos gammes de décontraction.

Vous pouvez bien entendu utiliser toute technique de respiration que vous pratiqueriez déjà, en particulier le yoga. Nous vous recommandons toutefois une respiration de type abdominal, non seulement en raison de son efficacité pour trouver le calme, mais aussi parce qu'elle peut se pratiquer *à l'insu de tous,* ce qui n'est pas le cas de la plupart des gymnastiques respiratoires.

● **Pour vivre autrement vos projets d'avenir**
Quand vous pensez à vos projets d'avenir, profitez de cette occasion, surtout si elle s'accompagne de quelques craintes, pour déclencher le réflexe de vous installer sur-le-champ dans la détente intérieure : de même qu'un tintement de cloche pour le chien de Pavlov devenait le signal de la salivation, l'espoir des joies résultant de la réalisation ultérieure de vos projets doit être pour vous désormais le signal de vous décontracter, en pratiquant sur-le-champ la respiration de type abdominal.

● **Pour vivre autrement vos «ennuis»**
Quand vous avez un «ennui», si tout ne se déroule pas selon vos prévisions et surtout selon vos désirs, ou encore si vous vous heurtez à un événement imprévu, au lieu de rêver d'un avenir meilleur, pen-

sez à cet itinéraire de réflexion, plus efficace : «Si cela me trouble tant, c'est justement parce que j'aspire au bonheur... D'accord, il y a tels faits négatifs qui contrecarrent cette aspiration... Mais si je ne suis pas heureux à cause d'eux, je peux toujours être décontracté malgré eux : et cela quoi qu'il arrive, et autant de fois que je le veux, d'autant plus qu'ainsi je réponds à cette aspiration et lui offre un moyen de se réaliser partiellement.»

Penser ainsi n'est pas le fait d'une égoïste crispation sur un bonheur intérieur, mais au contraire un moyen de continuer la lutte et ne pas démissionner devant la vie. D'ailleurs, il y va souvent de l'intérêt d'autrui que nous ne nous laissions pas envahir par des perspectives pessimistes et paralysantes ou par des rêves d'évasion.

Répétez-vous intérieurement les idées principales de cet itinéraire de réflexion. Éventuellement, si vous avez l'habitude de l'auto-suggestion, aidez-nous de cette technique pour vous en imprégner.

Enfin, installez-vous dans la décontraction en pratiquant pendant quelques instants la respiration de type abdominal.

● Si vous aimez peindre ou dessiner

Pourquoi ne composeriez-vous pas une représentation symbolique du «changement de vapeur» que nous vous invitons à effectuer? Une telle représentation, dans votre bureau ou plus discrètement sur un agenda, vous rappellera dans la journée que vous avez à substituer une vie décontractée à une existence obscurcie par les soucis. A moins que vous ne préfériez dissimuler cette représentation symbolique dans un dessin abstrait : vous serez seul à y lire votre décision de vivre selon ce modèle.

Il n'est pas nécessaire d'ailleurs de savoir dessiner :

deux perpendiculaires suffisent; l'horizontale symbolisant la fuite en avant, selon l'abscisse du temps,
et la verticale, au contraire, la décontraction, puisque celle-ci permet d'être debout dans le présent,
c'est-à-dire de mieux vivre, en évacuant les soucis
motivés par la pensée du futur.

Désirs et bonheur

Les désirs alimentent la fuite vers demain, qu'il s'agit d'éviter pour être décontracté. Aussi a-t-on souvent vu en eux le grand obstacle au bonheur, et d'abord, au calme intérieur qu'ils perturbent.

Le désir serait-il vraiment l'antibonheur? Nous dirions volontiers qu'il peut l'être précisément dans la mesure où il nous accapare au point de nous faire oublier, voire d'occulter, cette possibilité de bonheur dans l'immédiat, sous forme de détente intérieure. Mais il ne l'est pas en soi. Au contraire, le désir peut se révéler source de joies authentiques, bien sûr s'il parvient à se réaliser, mais aussi dans le cas contraire, s'il est vrai, comme l'a mis en évidence Pascal, que nous préférions «la chasse à la prise» : moteur de l'action, le désir est alors cause première des joies que celle-ci nous apporte.

La projection vers le futur peut être source d'inquiétudes

Malheur à celui qui se laisse séduire par le désir sans dominer la fuite en avant qu'il suggère! Ne s'étant pas établi solidement dans la sérénité, il est alors la proie des inquiétudes, des craintes, des angoisses que suscite précisément cette projection vers un futur qu'on sent toujours aléatoire, puisque encore non réalisé.

En ce sens, le désir, loin de procurer la paix intérieure, installe les soucis, engendre un cycle infernal, parce que sans fin : l'insatisfaction suscite de nouveaux désirs, par la frustration qui en découle, tout comme la satiété par l'ennui.

«Chaque fois, écrit par exemple le sage hindou Sarma Lakshman, le désir nous dit : "Obtiens cela, et ensuite tu sera heureux." Nous le croyons et nous nous efforçons d'acquérir l'objet en question. Si nous ne l'obtenons pas, ou si nous n'en obtenons pas assez, nous souffrons. Si nous l'obtenons, le désir nous propose aussitôt un autre objectif, et nous ne voyons même pas que nous avons été bernés[20].»

C'est pourquoi certains auteurs ont préconisé de s'élever au-dessus de tout désir : pour échapper à ces esclavages sans fin, ils prônent un idéal d'«ataraxie», c'est-à-dire une «absence de trouble» obtenue par extinction du désir.

Cette doctrine a été systématisée notamment par le philosophe allemand Schopenhauer (1788-1860), qui va jusqu'à dénoncer dans le «vouloir-vivre», d'où procèdent les désirs, la cause de tous nos malheurs : le propre de la volonté n'est-il pas, en effet, de se montrer insatiable? «Tout désir, écrit Schopenhauer, est une déception non encore reconnue.» Autrement dit, comme l'ont souligné certaines doctrines bouddhistes dont s'inspire ce penseur allemand, le désir provient d'un manque, d'un défaut, donc d'une frustration et d'une douleur; dès lors, tant qu'il dure, la douleur initiale se prolonge avec lui. Aiguillonnés par cette souffrance, nous nous précipitons vers tout ce qui semble pouvoir la calmer.

Malheureusement, un désir n'est pas plutôt satisfait que surgit une autre forme de douleur : celle de l'ennui. Ce «mal de la durée trop longue et de l'existence trop vide», comme l'a défini Jankélévitch, est un des plus grands maux de l'âme humaine, car nous n'en sortons que par et pour de nouveaux désirs, c'est-à-dire en définitive d'autres douleurs. Et cela sans fin, de sorte que la vie est en fait un supplice absurde comparable à celui des Danaïdes sans cesse occupées à remplir leur tonneau qui se vide aussitôt ou encore à celui de Sisyphe condamné à pousser indéfiniment sur la pente d'une montagne un énorme rocher qui toujours retombe avant d'atteindre le sommet.

De là résulte, selon Schopenhauer, le malheur essentiel à l'être humain : toutes nos actions tentent en vain de nous libérer de la souffrance, et tous nos efforts n'aboutissent qu'à en varier les expressions. Dans ces conditions, la vie est fondamentalement douleur : le plaisir et la joie se réduisent à de simples intervalles entre deux souffrances.

La décontraction n'implique pas nécessairement une extinction des désirs

Proposer, comme nous le faisons dans cet ouvrage, de s'établir dans un présent serein pour être heureux à tout prix, ce n'est pas partager le pessimisme radical de Schopenhauer à l'égard du désir : c'est trouver la possibilité de profiter pleinement des joies que ce désir peut procurer, car il n'est pas uniquement source d'illusions !

Ce qui peut être pernicieux dans le désir, c'est l'impulsion qui incite à fuir le présent pour rêver d'un futur meilleur, car elle risque de nous faire oublier de vivre vraiment, c'est-à-dire d'une manière tonique, en substituant à un présent détendu, toujours à notre portée, de beaux rêves, avec leurs cortèges d'angoisses engendrées par la pensée qu'ils sont aléatoires.

Ce que nous appellerions volontiers le mal origi-
nel du désir réside dans l'occultation de cette possibilité de nous établir fermement dans le calme
intérieur à chaque instant. Nous déportant vers le
futur, il nous rend dépendant du monde, des objets
et des êtres qu'il fait convoiter, tandis qu'il nous
cache que le bonheur authentique qu'est la sérénité
dépend principalement de nous, de notre volonté
d'y accéder.

En conclusion, nous dirons que le désir est dan-
gereux s'il nous empêche d'être décontracté, mais
qu'il peut contribuer puissamment à notre épanouissement si, ne nous projetant pas tout entier
vers le futur, il laisse intacte notre possibilité de
nous établir dans la détente intérieure à chaque
instant.

Le désir d'éviter certains inconvénients ou
d'échapper à des dangers, à des peines, voire à des
souffrances, nous éloigne du bonheur en installant
en nous l'angoisse : il constitue un obstacle à une
vie sereine dans le temps présent.

Pourquoi ne ferions-nous pas sortir du mal lui-
même le remède, en utilisant ces tourments, dès
qu'ils deviennent lancinants, comme autant de
signaux pour rétablir en nous le calme ? Prenons
appui sur l'intensité de notre désir d'échapper à ces
craintes pour rendre plus ferme notre détermination à vivre désormais le plus possible dans un climat de détente ! Cela nous sera d'autant plus facile
que nous prendrons mieux conscience des conséquences, néfastes pour nous, de l'angoisse : se laisser envahir par elle, c'est incontestablement s'affaiblir et, par suite, avoir moins de résistance et de
tonus pour éviter ce que nous redoutons.

Mimons la santé du corps par la santé de l'âme

S'il s'agit de craintes pour notre santé, n'oublions pas les données de la médecine psychosomatique, qui convergent avec les enseignements de Descartes repris par Alain* : l'angoisse crée un déséquilibre physiologique qui, à la longue, peut même renforcer, voire précipiter, celui que nous redoutons ; en tout cas, c'est un état malsain qui peut constituer un terrain propice au développement de manifestations pathologiques. «Le premier effet de l'imagination est toujours dans le corps», affirmait Alain, qui conseillait dans ses «Propos sur le bonheur» : «Il faudrait donc mimer la santé plutôt que la maladie[1].» Pour appliquer ce précepte, mimons la santé du corps par la santé de l'âme, grâce à la sérénité.

Quand l'homme vit sous l'empire du désir, qu'il s'agisse d'obtenir un bien ou d'éviter un mal, il est en proie aux tumultes de l'âme et à l'agitation du corps : déporté vers des objets ou des êtres, il se retrouve dépendant du monde et souffre de cet esclavage qui le détourne d'une existence vraiment ensoleillée. Il perd alors de vue qu'il lui est toujours possible, si du moins il y pense, de se libérer : il lui suffit de satisfaire immédiatement, et non plus tard, son aspiration au bonheur à tout prix en adoptant sur-le-champ une attitude détendue et sereine.

Car il n'y a finalement que trois manières d'être heureux : par la décontraction, ce qui est toujours possible si on le veut; par la réalisation de ses projets, ce qui ne dépend pas entièrement de soi; ou, enfin, par l'espérance, comme cela se produit en particulier dans un amour authentique; dans

* Alain : Émile Chartier, dit Alain, philosophe français (1868-1951).

tous ces cas, l'homme, en son for intérieur, se sent tranquille et apaisé.

EXERCICES SOUS LA CONDUITE D'ALAIN

Dans les pages qui suivent, nous vous invitons principalement à méditer certains «Propos» d'Alain : ils précisent ce que nous venons de dire. Vous vous y reconnaîtrez probablement et en tirerez profit pour votre gouverne.

● Quand l'inquiétude est grossie par la «folle du logis»

Sans doute avez-vous le souvenir d'heures d'angoisse provoquées par un motif dont l'importance a été exagérée par l'imagination, cette «folle du logis» comme l'appelait Montaigne? Par exemple, votre fils est parti faire une randonnée en auto avec des amis. Il n'est pas rentré à l'heure. Que n'avez-vous pas imaginé alors : une panne, un accident, des blessés, des morts, que sais-je encore? Plus le retard grandissait, plus s'accroissait votre angoisse et le délire de l'imagination... Or, tout simplement, votre fils et ses camarades s'étaient arrêtés en route pour assister à un spectacle auquel ils n'avaient pas pensé en partant ou avaient fait un bon repas dans une auberge découverte à la campagne. Dès lors, à quoi bon s'être «rongé» ainsi?

Tirez profit de tels souvenirs pour vous rendre compte de l'influence nocive de l'imagination dans certaines circonstances : elle nous «démolit» alors entièrement et nous empêche de réagir d'une manière adéquate. Quand une crainte ou une inquiétude vous envahit, barrez-lui donc la route immédiatement en changeant votre rythme respiratoire qui commence à devenir saccadé et de plus en plus précipité : pour cela, pratiquez la respiration de type abdominal, lente et profonde. Il y a, en effet, des liens étroits entre nos images et nos rythmes corporels. Dès lors, le fait de donner à son corps un rythme qui ne correspond pas à celui des angoisses naissantes prive ces dernières du support qui leur permettrait de s'implanter.

Comme l'écrit Alain, «dans les moments d'anxiété, n'essayez point de raisonner, car votre raisonnement se tournera en pointes contre vous-même; mais plutôt essayez ces élévations et flexions des bras que l'on apprend maintenant dans toutes les écoles; le résultat vous étonnera. Ainsi le maître de philosophie vous renvoie au maître de gymnastique[1]».

Alain fait allusion ici à la gymnastique respiratoire telle qu'elle se pratiquait dans les écoles avant la guerre. On lui substituera avantageusement une respiration de type abdominal, qui est en outre plus discrète.

● **Si vous avez des craintes au sujet de votre santé**
Avant ou après avoir consulté un médecin, lisez et relisez (éventuellement en suivant le traitement prescrit) ces réflexions toniques d'Alain, au point d'en être imprégné !

«Celui qui sait qu'il est malade, et qui le sait d'avance d'après l'oracle médecin, se trouve deux fois malade. Je vois bien que la crainte nous conduit à combattre la maladie par le régime et les remèdes; mais quel régime et quels remèdes nous guériront de craindre? Le vertige qui nous prend sur les hauteurs est une maladie véritable, qui vient de ce que nous mimons la chute et les mouvements désespérés d'un homme qui tombe. Ce mal est tout d'imagination. La colique du candidat de même; ainsi la crainte de répondre mal agit aussi énergiquement que l'huile de ricin. Mesurez d'après cela les effets d'une crainte continuelle... Il faut arriver à considérer ceci, que les maux de la crainte vont naturellement aggraver le mal. Celui qui craint de ne pas dormir est mal disposé pour dormir et celui qui craint son estomac est mal disposé pour digérer[1].»

Cessons donc de nous angoisser pour ne pas accroître notre mal, ou pour ne pas le déclencher au cas où il y aurait une erreur dans le diagnostic!

«L'imagination... est la reine de ce monde humain; et le grand Descartes, en son «Traité des passions», m'en a assez expliqué les causes. Car il ne se peut point qu'une inquiétude... n'enflamme point nos entrailles; il ne se peut point qu'une surprise ne change pas les battements de mon cœur. Et l'idée seule d'un ver de terre trouvé dans la salade me donne une réelle nausée. Toutes ces folles idées... m'empoignent au fond de moi-même et dans les parties vitales, et modifient brusquement le cours du sang et des humeurs, ce que ma volonté ne saurait point faire... Il est nécessaire, premièrement, que je me tienne content, autant que je puis; il est nécessaire, secondement, que j'écarte ce genre de souci qui a pour objet mon corps, et qui a pour effet certain de troubler toutes les fonctions vitales. Car ne voit-on pas, dans l'histoire de tous les peuples, des hommes qui sont morts parce qu'ils se croyaient maudits? Ne voit-on pas que les envoûtements réussissaient très bien, si seulement le principal intéressé en était averti?[1] »

● Le bienfait d'un sourire

«Un sourire nous semble peu de chose et sans effet... Aussi ne l'essayons-nous point. Mais la politesse souvent, en nous tirant un sourire et la grâce d'un salut, nous change tout. Le physiologiste en sait bien la raison; car le sourire descend aussi profond que le bâillement et, de proche en proche, délie la gorge, les poumons et le cœur... Au reste celui qui veut faire l'insouciant sait bien hausser les épaules, ce qui, à bien regarder, aère les poumons et calme le cœur, dans tous les sens du mot[1].»

● La détente du corps nous transforme

«L'attitude religieuse est utile à considérer pour le médecin; car ce corps agenouillé, replié et détendu délivre les organes et rend les fonctions vitales plus aisées. «Baisse la tête, fier Sicambre»; on ne lui demande point de se guérir de colère et d'orgueil, mais d'abord de se taire, de reposer ses yeux et de se disposer selon la douceur; par ce moyen tout le violent du caractère est effacé; non pas à la longue ni pour toujours, car cela dépasse notre pouvoir, mais aussitôt et pour un moment.

«Chacun sait bien que c'est un bonheur d'étirer ses muscles et de bâiller librement; mais on n'a point l'idée de l'essayer par gymnastique, afin de mettre en train ce mouvement libérateur. Et ceux qui n'arrivent pas à dormir devraient mimer l'envie de dormir et le bonheur de se détendre. Mais, tout au contraire, ils miment l'impatience, l'anxiété, la colère[1].»

● Contre l'anxiété, la musique!

«La volonté n'a aucune prise sur les passions, mais a prise directe sur les mouvements. Il est plus facile de prendre un violon, et d'en jouer que de se faire, comme on dit, une raison.

«Comment expliquer qu'un pianiste, qui croit mourir de peur en entrant sur la scène, soit immédiatement guéri dès qu'il joue?... L'artiste secoue la peur et la défait par ces souples mouvements des doigts. Car, comme tout se tient en notre machine, les doigts ne peuvent être déliés si la poitrine ne l'est aussi; la souplesse, comme la raideur, envahit tout; et, dans ce corps bien gouverné, la peur ne peut plus être... Chose remarquable et trop peu remarquée, ce n'est point la pensée qui nous délivre des passions, mais c'est plutôt l'action qui délivre. On ne pense point comme on veut; mais quand des actions sont assez familières, quand les muscles sont dressés et assouplis par gymnastique, on agit comme on veut[1].»

● **Un corps détendu barre la route aux angoisses**
«Notre corps nous est difficile en ce sens que, dès qu'il ne reçoit pas d'ordres, il prend le commandement; mais en revanche il est ainsi fait qu'il ne peut être disposé de deux manières en même temps; il faut qu'une main soit ouverte ou fermée. Si vous ouvrez la main, vous laissez échapper toutes les pensées irritantes que vous teniez dans votre poing fermé. Et si vous haussez simplement les épaules, il faut que les soucis s'envolent que vous serriez dans la cage thoracique. C'est de la même manière que vous ne pouvez à la fois avaler et tousser...[1]»

● **Pour ne pas être préoccupé par l'avenir ou le passé**
«Dans l'admirable Wilhelm Meister, il y a une "société de renoncement" dont les membres ne doivent jamais penser ni à l'avenir ni au passé.

Cette règle, autant qu'on peut la suivre, est très bonne. Mais, pour qu'on puisse la suivre, il faut que les mains et les yeux soient occupés. Percevoir et agir, voilà les vrais remèdes. Au contraire, si l'on tourne ses pouces, on tombera bientôt dans la crainte et dans le regret. La pensée est une espèce de jeu qui n'est pas toujours très sain. Communément, on tourne sans avancer. C'est pourquoi le grand Jean-Jacques* a écrit : "L'homme qui médite est un animal dépravé"... D'où ce paradoxe : mieux on remplit sa vie, moins on craint de la perdre[1]. »

---

* Il s'agit de Jean-Jacques Rousseau.

L'humeur morose et son traitement

Un autre obstacle à l'égalité d'âme qui caractérise une vie sereine, c'est l'«humeur», variable selon les circonstances et d'abord selon l'état physiologique présent. Ici, il faut écouter à nouveau Alain quand il décrit l'humeur morose, l'explique et en propose un traitement efficace.

«La mauvaise humeur, écrit-il, nous lie, nous étouffe et nous étrangle, par ce seul effet que nous nous disposons selon un état du corps qui porte à la tristesse, et de façon à entretenir cette tristesse. Celui qui s'ennuie a une manière de s'asseoir, de se lever, de parler, qui est propre à entretenir l'ennui. L'irrité se noue d'une autre manière; et le découragé détache, je dirais presque dételle ses muscles autant qu'il peut, bien loin de se donner à lui-même par quelque action ce message énergique dont il a besoin. Réagir contre l'humeur, ce n'est point l'affaire du jugement; il n'y peut rien; mais il faut changer l'attitude et se donner le mouvement convenable; car nos muscles moteurs sont la seule partie de nous-même sur laquelle nous ayons prise. Sourire, hausser les épaules, sont des manœuvres connues contre les soucis; et remarquez que ces mouvements si faciles changent aussitôt la circulation viscérale. On peut s'étirer volontairement et se conduire à bâiller, ce qui est la meilleure gymnastique contre l'anxiété et l'impatience. Mais l'impatient n'aura point l'idée de mimer ainsi l'indifférence; de même il ne viendra pas à l'esprit de celui qui souffre d'insomnie de faire semblant de dormir. Bien au contraire, l'humeur se signifie elle-même à elle-même, et ainsi s'entretient[1]. »

L'humeur morose peut devenir occasion de retrouver la sérénité

Décidons par conséquent de rompre cet esclavage de l'humeur. Dès que nous nous surprenons à le subir, introduisons, pour ainsi dire, perpendiculairement à son développement, un moment de sérénité obtenu par respiration abdominale profonde comme nous l'indiquions précédemment : ce bien-être se prolongera grâce au désir de maintenir en nous cet ensoleillement tonique.

Dès lors, nos sautes d'humeur involontaires nous laisseront indifférents, et, par suite ne troubleront plus notre calme intérieur, cette forme de bonheur qui est toujours à notre portée. Nous vérifierons concrètement la profonde sagesse de ce propos d'Alain : « Je tiens qu'un des secrets du bonheur, c'est d'être indifférent à sa propre humeur ; ainsi méprisée, l'humeur retombe dans la vie animale comme un chien dans sa niche[1]. »

NOUVEAUX EXERCICES SOUS LA CONDUITE D'ALAIN

● **Attaquez la mauvaise humeur à coups de dictionnaire !**
Alain avait l'art d'éclairer les problèmes en interrogeant le sens des mots. Appliquons cette méthode au cas présent : étymologiquement, l'humeur est un

phénomène physiologique. Ouvrez un dictionnaire au mot «humeur» : vous y lirez d'abord : «Liquide organique du corps humain, et, plus généralement, d'un vivant quelconque»; puis, au figuré : «Disposition psychologique momentanée». Le premier sens est le plus ancien, puisqu'il apparaît selon le *Robert* dans les textes français au XIIᵉ siècle, tandis que l'autre date seulement de la fin du XVIᵉ. L'ordre chronologique des significations du mot «humeur» illustre bien le rapport entre votre équilibre organique et votre état psychologique : ce dernier est la conséquence et la simple expression du premier. Ce n'est qu'un «épiphénomène», un phénomène second et, par suite, secondaire.

Si vous placez cette double définition du mot «humeur» en évidence quelque part, sur votre bureau par exemple, elle vous rappellera en temps opportun que vous devez traiter comme quantité négligeable votre humeur et sourire intérieurement de celle des autres, car vous en connaissez l'inconsistance.

● **Soyez prévenus : l'humeur change**
Ne faites pas un drame de vos changements d'humeur.

«L'organisme le plus robuste passe chaque jour de la tension à la dépression, de la dépression à la tension, et bien des fois : selon les repas, les marches, les efforts d'attention, la lecture et le temps qu'il fait, votre humeur monte et descend là-dessus, comme le bateau sur les vagues[1].»

● **Les illusions de l'humeur**
«L'éloquence des passions nous trompe presque toujours; j'entends par là cette fantasmagorie triste ou gaie, brillante ou lugubre, que nous déroule

l'imagination selon que notre corps est reposé ou fatigué, excité ou déprimé. Tout naturellement, nous accusons alors les choses et nos semblables, au lieu de deviner et de modifier la cause réelle, souvent petite et sans conséquence... Plus d'un candidat aux examens travaille aux lumières, fatigue ses yeux, et ressent un mal de tête diffus ; petits maux que l'on guérit bien vite par le repos et le sommeil. Mais le naïf condidat n'y pense point... il s'attriste sur les difficultés de l'examen et sur ses propres aptitudes... Il devrait, par réflexion, deviner ici l'éloquence des passions, et refuser d'y croire, ce qui détruirait soudainement le plus clair de son mal, car un peu de mal de tête et de fatigue des yeux, cela est supportable et ne dure guère ; mais le désespoir est terrible et aggrave de lui-même ses causes. Voilà le piège des passions. Un homme qui est bien en colère se joue à lui-même une tragédie bien frappante, vivement éclairée, où il se représente tous les torts de son ennemi... Tout est interprété selon la colère, et la colère en est augmentée ; on dirait un peintre qui peindrait les Furies et se ferait peur à lui-même. Voilà par quel mécanisme une colère finit souvent en tempête, et pour de faibles causes, grossies seulement par l'orage du cœur et des muscles[1]. »

● **On ne raisonne pas contre son humeur : on en sourit !**

«Les stoïciens nous ont laissé de beaux raisonnements contre la crainte et contre la colère. Mais Descartes est le premier, et il s'en vante, qui ait visé droit au but dans son "Traité des passions". Il a fait voir que la passion, quoiqu'elle soit toute dans un état de nos pensées, dépend néanmoins des mouvements qui se font dans notre corps... Si l'on comprenaît bien cela, on s'épargnerait tout jugement de réflexion soit sur les rêves, soit sur les passions, qui sont des rêves mieux liés... On se dirait : "Je suis triste ; je vois tout en noir... Mes raisonnements n'y sont pour rien ; c'est mon corps qui veut raisonner, ce sont des opinions d'estomac".

«Une colère d'un bébé et de n'importe qui, c'est toujours un état de contracture des muscles qu'il faut soigner par gymnastique et musique comme disaient les Anciens. Mais, dans l'accès de colère, les meilleurs arguments sont tout à fait inutiles et souvent nuisibles parce qu'ils rappellent à l'imagination tout ce qui peut exciter la colère[1].»

● **Pourquoi évoquer tristement le passé?**
«Cette tristesse qui naît de la contemplation du passé ne sert à rien et est même très nuisible, parce qu'elle nous fait réfléchir vainement... Cette tristesse dépend de mes humeurs, de ma fatigue... et du temps qu'il fait... Renvoyez la tristesse à ses vraies causes ; il me semble que vos lourdes pensées seront chassées par là, comme des nuages par le vent. La terre sera chargée de maux, mais le ciel sera clair ; c'est toujours autant de gagné ; vous aurez renvoyé la tristesse dans le corps, vos pensées en seront comme nettoyées[1].»

● **Bonjour tristesse... Et au revoir!**
«La profonde tristesse résulte toujours d'un état maladif du corps ; tant qu'un chagrin n'est pas maladie, il nous laisse bientôt des instants de paix... Tristesse n'est que maladie, et doit être supportée comme maladie, sans tant de raisonnements et de raisons... Par là, on disperse le cortège des discours acides ; on prend son chagrin comme un mal de ventre...

«Tristesse engendre tristesse. Car à vous plaindre ainsi de la destinée, vous augmentez vos maux... et votre estomac lui-même s'en trouve encore plus mal.

«Ce n'est pas un petit secours contre l'humeur et même contre le mal d'estomac si l'on mime la douceur, la bienveillance et la joie... C'est pourquoi la vie de société, les visites, les fêtes sont toujours aimées ; c'est une occasion de mimer le bonheur ; et ce genre de comédie nous délivre certainement de la tragédie[1].»

Les frustrations

Si les variations de nos états physiologiques modulent habituellement notre humeur changeante, par contre la morosité et une irritabilité persistantes, voire quasi permanentes, peuvent plus particulièrement avoir leur source dans la pensée des malheurs ou des échecs passés, si nous les ressassons comme un lion en cage qui pendant des heures piétine devant sa grille. C'est pourquoi il faut compléter le traitement de l'humeur morose par celui des désirs malheureux : il améliorera votre humeur tout en affermissant votre caractère, car un «caractère fort» n'est-il pas le propre d'un homme «qui se dit à lui-même où il en est, quels sont les faits, quel est au juste l'irréparable, et qui part de là vers l'avenir» (Alain). Ceci implique qu'on ait liquidé le passif des désirs qui ont abouti à un échec.

Pour vous établir dans une décontraction durable, prenez donc clairement conscience des motivations psychologiques qui entretiennent la mauvaise humeur et l'angoisse : souvenirs d'échecs ou handicaps oppressants, qui deviennent des obsessions quasi permanentes, rendent irritables et empêchent non seulement d'être spontanément détendu, mais encore de se rendre compte que cette forme de bonheur est à la portée de tous.

C'est pourquoi nous vous invitons maintenant à un «examen de conscience psychologique», où vous vous interrogez, non pas sur vos manquements et vos responsabilités comme dans l'examen de conscience éthique, mais sur vos déficits existentiels, c'est-à-dire sur ce qui vous entrave dans votre quête du calme intérieur.

Faire le point, pour mettre un point final aux ruminations

Demandez-vous : «Qu'est-ce qui m'empêche d'être heureux? Qu'est-ce qui dans ma vie contredit, en fait, l'idée que je me fais du bonheur?»

Notez par écrit ces «déficits existentiels» :
— apparence physique;
— situation sociale;
— échecs sur le plan professionnel;
— échecs sur le plan affectif;
— échecs de l'épanouissement personnel;
— conflits avec l'entourage;
— environnement insolite et sans attrait, par exemple si vous êtes «déraciné», etc.

Il est fort probable que vous n'en ferez pas tout de suite un inventaire exhaustif : l'essentiel est d'avoir commencé à établir ce bilan négatif. Dès que vous penserez à un autre facteur de frustration, vous le noterez à la suite. Consigner par écrit évite, en effet, de ressasser intérieurement : en faisant le point, on met un point final aux ruminations.

Ainsi vous dresserez un tableau lucide des principaux sujets personnels de désillusions, d'aigreurs ou de ressentiments qui vous accompagnent partout, au moins dans la pénombre de votre vie et qui lui donnent une coloration terne et vous empêchent sournoisement d'être heureux. Cette prise de conscience claire sera pour vous libératrice. Dès lors, vous pourrez considérer ces déficits *en bloc*, à la fois comme ce qui vous empêche d'être heureux et comme ce vis-à-vis de quoi vous affirmez désormais votre droit à la détente. Autrement dit, en les envisageant ainsi globalement, vous leur donnerez une nouvelle signification, positive cette fois.

Ces obstacles au bonheur sont surtout redoutables, en effet, quand nous les rencontrons l'un après l'autre isolément : nous n'apercevons pas alors que leur caractéristique commune est de nous cacher que le calme intérieur est malgré tout à notre portée. Dès lors, nous les vivons sur un mode obsessionnel. Comme l'a montré Alain : «Aussi bien le jour que la nuit, si l'on a quelque sujet d'être mécontent, on y revient dès qu'on le peut; on reprend sa propre histoire comme un roman bien noir que l'on a laissé ouvert sur sa table. On se replonge ainsi dans son chagrin... Méthode de Gribouille.»

Perçues dans leur ensemble comme «ce en face de quoi» vous avez à conquérir votre droit à la décontraction, ces frustrations revêtent une tout autre signification, positive celle-là : désormais, elles se présentent comme autant de signaux pour déclencher en vous une montée immédiate vers la sérénité.

Un «passif» non liquidé altère la lucidité sur les possibilités personnelles

Il ne s'agit pas de se leurrer, mais de prendre possession de ce qui est à notre portée : les obstacles nous éloignent certes d'un plein contentement; mais ils ne doivent pas pour autant nous interdire de connaître le calme intérieur. Le propre des frustrations est précisément de nous cacher que la décontraction est toujours pour nous une possibilité. Elles nous persuadent même que le malheur est notre lot. Elles étouffent notre revendication à être heureux, au point de nous faire oublier qu'elles ne sont ressenties comme douloureuses et aliénantes que par référence à cette aspiration.

Nous ne proposons pas autre chose ici que de recouvrer notre lucidité sur ce qui est à notre portée, lucidité qui est habituellement altérée par l'écran de tous les ressentiments et mauvais souvenirs, et d'échapper à leur étreinte grâce à une connaissance claire et globale de notre «passif».

Au lieu de réactiver, en pure perte, nos frustrations, nos rancœurs ou nos ressentiments sous la forme de pensées dépressives irritantes, voire révoltantes, il s'agit de se hisser jusqu'au belvédère de la sérénité. Et cela non pas pour se mettre simplement «au-dessus» de ces aliénations douloureuses, mais pour y découvrir une table d'orientation indiquant des solutions positives aux problèmes correspondants : le calme intérieur aide à transformer les difficultés en «problèmes» clairement posés et à substituer à une résignation passive la volonté d'aboutir à une solution. Dans un chapitre ultérieur, nous préciserons d'ailleurs comment profiter de la décontraction acquise pour mieux poser vos problèmes afin de les résoudre efficacement.

Pour l'instant, rendez-vous compte qu'un sujet décontracté a des chances d'appréhender les situations sous un angle qui lui permet d'y repérer les moyens utiles à ses projets. Tel est le sens que nous donnerions volontiers à la pensée d'Épictète* : «C'est du bonheur, si tu veux, que le corbeau** t'annonce.» Si la décontraction ne peut tout transformer en joie, du moins aide-t-elle efficacement à assumer certaines conséquences de l'événement.

En somme, nous proposons de substituer à une existence vécue linéairement, toute tendue vers

---

*Épictète : philosophe grec (50-125 environ). Le *Manuel* d'Épictète est un résumé de la doctrine stoïcienne.
**Le corbeau était considéré dans l'Antiquité comme un mauvais présage.

l'espoir d'un avenir heureux ou acculée à un avenir terne, une récupération permanente du pouvoir d'introduire dans sa vie une dimension de liberté par la sérénité.

EXERCICES

Voici quelques exercices qui vous aideront à ne pas vous laisser réduire au «passif» dont vous aurez fait le bilan, comme nous vous y invitons dans ce chapitre. Grâce à eux, chaque fois que la pensée de votre passif commencera à accaparer votre attention, vous pourrez reconquérir ce que nous appellerions volontiers votre «franchise de sérénité».

● **Pour réactiver dans la journée une attitude positive**
Posez sur votre «bilan passif» une statuette exprimant le calme, un Bouddha par exemple, ou un bibelot, voire votre photo (et alors de préférence une photo où vous souriez). Vous pouvez d'ailleurs éventuellement glisser votre «bilan passif» entre cette photo et le dos du cadre dans lequel vous l'avez disposée.

Cette «superposition» symbolisera votre décision de conquérir le calme intérieur sur votre «bilan passif» en lui donnant une signification nouvelle, non plus déprimante, mais positive, puisque sa pensée devient désormais le signal de votre installation volontaire dans un climat psychologique détendu.

● **Pour substituer du «positif» au «négatif»**
Quand l'exercice précédent est terminé, placez

entre la statuette (ou votre photo) et votre «bilan passif» une seconde feuille sur laquelle vous noterez, au fur et à mesure que vous en aurez l'idée, des parades et les moyens de surmonter vos handicaps ou de compenser vos échecs antérieurs par des réalisations réussies. (Les indications données dans le chapitre ultérieur, «Comment transformer ses difficultés en problèmes», vous seront très utiles pour concevoir ces répliques positives.)

De même que poser un Bouddha ou votre photo souriante sur votre «passif» concrétise votre volonté d'opposer un visage serein à toute dépression provoquée par quelque pensée de frustration, de même constituer une liste de répliques positives aux «coups du sort» vous oriente à la recherche des moyens qui vous permettront de transformer en «actif» le «passif» de votre existence.

● **Si vous aimez dessiner**

Pourquoi ne représenteriez-vous pas symboliquement par un dessin, voire une peinture de changement d'attitude, face aux frustrations ou à l'humeur maussade, proposé dans ce chapitre, afin de prendre appui sur la signification dynamogénique* de l'image, comme disent les psychologues, c'est-à-dire sur son influence stimulante, pour renforcer votre décision.

Par exemple, si un tunnel de métro sombre symbolise votre écrasement habituel, l'accession à l'état de sérénité est alors représentée par un ascenseur qui monte vers une plate-forme ensoleillée, ou par l'arrivée à une station éclairée, comme celle du Louvre où vous contemplez des chefs-d'œuvre,

---

Dynamogénique : qui crée de l'énergie, qui est tonique et incite à l'action.

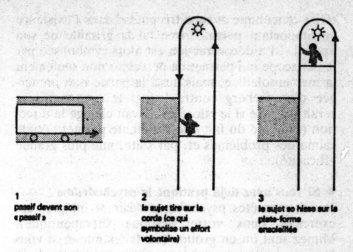

1
passif devant son
« passif »

2
le sujet tire sur la
corde (ce qui
symbolise un effort
volontaire)

3
le sujet se hisse sur la
plate-forme
ensoleillée

cette contemplation vous détendant au cours du trajet.

Même si vous dessinez mal, vous pouvez représenter par un schéma simple le changement d'attitude que vous voulez adopter face à votre passif.

Si vous préférez imaginer une représentation symbolique plutôt que la dessiner, concevez par exemple que l'individu esclave de son «passif» est un chameau qui porte sur sa tête ce lourd bilan et ploie sous son poids, de sorte qu'il ne voit à ses pieds que le désert (symbole de l'humeur maussade) tandis que l'accès à la détente intérieure est représenté par un homme calme montant le «vaisseau du désert» : apercevant une oasis grâce à sa position élevée (symbole de la transcendance par la décontraction), il peut guider le chameau vers l'eau et l'ombre des palmiers (symbole du bonheur).

Autre exemple de représentation symbolique du changement à adopter : un sous-marin en plongée peut représenter la vie d'accablement qui caractérise quiconque avance tristement dans l'existence en emportant partout avec lui la grisaille de son «passif». La décontraction est alors symbolisée par le périscope qui permet de percevoir non seulement la mer ensoleillée, mais aussi la partie non immergée d'un iceberg contre lequel le sous-marin se serait fracassé si le pilote n'en avait changé la direction (symbole du fait que la détente permet l'étude calme des problèmes et, par suite, une plus grande efficacité).

● **Si vous avez déjà pratiqué le psychodrame**
(ou si vous êtes psychologue désirant intégrer ces exercices dans votre pratique thérapeutique). Mimez seul ou en groupe (ou faites mimer si vous êtes psychothérapeute) les représentations symboliques d'un changement positif d'attitude face au «passif» personnel. Autrement dit, prenez pour thèmes de jeu d'exprimer l'ascenseur, le chameau ou le sous-marin.

Comment transformer ses difficultés en problèmes

Pour être décontracté, il ne suffit pas de liquider d'une manière positive son passif personnel. Encore faut-il trouver les moyens de surmonter effectivement les principales difficultés rencontrées dans la vie, surtout lorsqu'elles prennent l'allure de défis pouvant perturber notre existence, voire celle des proches.

Difficultés vécues et problèmes clairement posés

Ces difficultés proviennent notamment de l'embarras extrême où nous mettent certaines situations délicates, trop complexes pour être résolues par des raisonnements simples du type : «il n'y a qu'à» (faire ceci ou cela). On ne sait alors que faire pour bien faire, justement parce qu'on est devant des alternatives où, des deux côtés, il y a des risques importants ou même des pertes certaines. On ne peut parler ici de solution qui serait «bonne» de part en part, puisque toute décision comporte inéluctablement des conséquences regrettables. «Cruel dilemme!» pense-t-on alors sans pouvoir prendre une décision. D'où l'impression d'être dominé par les événements, paralysé par l'ampleur de la difficulté, qui devient vite génératrice d'angoisse : celle-ci ne fait d'ailleurs qu'accroître le désarroi et risque même d'inciter à des réactions catastrophiques, qui accroissent le mal au lieu de le dissiper. On ne fait rien de bon dans l'angoisse ou

quand on se bat avec un fantôme vague et mena-
çant.

Aussi importe-t-il avant tout de transformer ces
situations angoissantes en problèmes bien posés.
Penser une difficulté sous la forme d'un problème
lui enlève en effet, quelle que soit sa gravité, beaucoup de sa force d'écrasement : on passe d'une
angoisse vécue confusément à un ensemble de
conditions qui éclairent le champ des possibilités où
peut s'insérer la liberté de manœuvre. Énoncer un
problème, c'est mettre un peu de distance entre soi
et la situation dont l'urgence et la gravité allaient
jusqu'au point d'obscurcir tout l'horizon.

Grâce à cette mise à distance relative, on prend
mieux conscience des dimensions réelles de la difficulté ; surtout, on adopte une nouvelle attitude en
sa présence : au désarroi fait place un affrontement
lucide et résolu. Comme l'indique nettement l'étymologie grecque du mot «problème», qui signifie
initialement «projet», «ce qui est projeté en
avant», poser un problème, c'est aller au-devant
d'une situation avec un projet précis qui la dépasse
et l'ouvre sur un avenir, au lieu d'être enfermé dans
ses limites qui nous étreignent. Poser un problème,
c'est déjà chercher activement des solutions.

C'est justement lorsqu'un handicap n'est pas
envisagé comme problème à résoudre qu'il peut y
avoir risque de névrose. On a défini celle-ci comme
une fausse solution tentée dans l'imaginaire. Elle
est surtout absence de solution, parce que primordialement il n'y a pas eu de problème nettement
posé, mais seulement une angoisse vécue dans la
confusion : le sujet n'a perçu la situation perturba-
trice que sous l'angle d'une fuite impossible, et non
sous celui des possibilités d'élimination ou de transformation par des parades appropriées, ce qui

aurait impliqué justement sa traduction préalable en problème.

La psychanalyse et la psychologie sociale à la rescousse

Un des principaux bienfaits apportés par les sciences humaines, notamment les techniques de la psychanalyse et de la psychologie sociale, nous paraît être de permettre au sujet de prendre en charge ses difficultés en les pensant clairement sous forme de problèmes, de clarifier les situations génératrices de conflits. Même lorsque les interprétations que ces sciences proposent n'orientent pas vers une thérapeutique valable pour telle difficulté particulière, on ne peut nier qu'elles permettent de substituer à une tension vécue confusément une situation où l'on cherche à y voir clair. Et ce résultat n'est pas négligeable : il est la condition fondamentale pour que le sujet aperçoive dans la difficulté qui l'oppresse une dynamique dont il doit être possible de discerner les facteurs d'évolution et, par suite, sur laquelle on peut agir.

En ce sens, il n'est peut-être pas excessif d'affirmer que l'efficacité de ces techniques psychologiques provient en grande partie de la transformation en problèmes des conflits vécus douloureusement. Mieux vaut une situation envisagée, même sous une forme inadéquate, comme susceptible de changer, qu'une angoisse confuse en sa présence. A condition, toutefois, que l'interprétation de la situation ne soit pas imposée par un psychothérapeute procédant d'une manière trop directive.

Le seul fait d'envisager les difficultés comme conditionnées par des facteurs dont l'évolution peut dépendre de nous les transforme en problèmes à résoudre. Et même si une solution reste encore à trouver, le conflit en tant que tel est à moitié surmonté, car le sujet, au lieu de se sentir totalement dominé par lui, commence à le maîtriser. Poser un problème est en soi un acte éminemment salutaire : il délivre de l'angoisse.

Apprendre à traduire une situation angoissante en problème clair

Si la névrose est l'englument dans l'angoisse, *le salut psychologique réside dans la conversion des soucis en problèmes.* Or c'est précisément ce qu'on n'apprend pas à l'école ni même pendant les études supérieures. On y enseigne certes à résoudre des problèmes, mais ceux-ci sont donnés tout posés à l'élève. Ce sont d'ailleurs principalement des occasions pour appliquer les résultats enseignés pendant le cours. Et cela à tous les niveaux. Même dans les écoles d'ingénieurs, les problèmes jouent le rôle d'exercices de contrôle d'une bonne assimilation des connaissances scientifiques. Dans ces conditions, l'étudiant se mesure avec des problèmes toujours posés par d'autres.

Mais dans la vie professionnelle, les «concepteurs», c'est-à-dire ceux qui doivent concevoir les constructions techniques, ont à poser eux-mêmes leurs problèmes notamment à partir des difficultés résultant des «contraintes» imposées ou du mauvais fonctionnement d'un dispositif. Il en est a fortiori de même pour les chercheurs, qu'il s'agisse de recherche fondamentale ou de recherches appliquées : ce qui est sans doute le plus difficile pour un chercheur débutant, c'est d'avoir à traduire une situation, dont il ne maîtrise pas encore les difficultés, sous la forme d'un problème pensé clairement. Entraîné à ne résoudre que des problèmes posés par d'autres, en l'occurence ses professeurs, il est bien embarrassé quand il doit poser les siens propres.

Cet inconfort intellectuel caractérise non seulement ceux qui, par profession, ont à affronter des situations nouvelles, non prévues dans les cours, mais aussi plus généralement chacun de nous dès qu'il doit prendre une décision délicate. Car nulle part on n'enseigne l'art d'attaquer les difficultés de la vie pratique, en les transformant en problèmes.

Or, qu'est-ce qu'énoncer un problème, sinon définir un but à atteindre et un ensemble de conditions qui balisent le champ de la recherche?

Poser un problème, c'est clarifier la situation

Dès lors, exprimer une difficulté sous forme d'un problème, c'est principalement penser clairement la situation qui en est l'origine, avec ses tenants et aboutissants, la marge de manœuvre qu'elle autorise, ses lignes d'évolution éventuelles, ses possibilités de transformation.

Si poser un problème à partir d'une difficulté implique donc la clarification, ou du moins une tentative de clarification de la situation correspondante, il ne faudrait pas en conclure pour autant qu'un problème constitue obligatoirement une rationalisation de la difficulté : tous les problèmes ne sont pas des problèmes mathématiques, en particulier ceux qui nous touchent de près et concernent notre vie personnelle.

Même le non-rationnel peut être pensé clairement

Notamment, c'est le propre des dilemmes de l'existence de n'être pas pleinement rationalisables : ne résultent-ils pas justement d'une opposition entre les logiques respectives des diverses branches d'une alternative? De plus, si de telles situations sont pénibles, c'est parce qu'elles mettent en jeu des facteurs affectifs, qui déjà par eux-mêmes ne sont pas rationalisables. Mais, même non rationnels, ils peuvent toujours être pensés clairement. Et tel est précisément l'objet d'un problème.

Problème et discernement de la solution

Puisqu'un énoncé de problème indique quel but est à réaliser et dans quelles conditions, on peut dire que poser correctement un problème c'est préciser ce qui permettra de le résoudre. En ce sens, un problème bien posé est à moitié résolu.

Dans le cas, par exemple, d'exercices universitaires, les problèmes sont conçus, en effet, par ceux qui en connaissent une solution; celle-ci guide la rédaction correcte de l'énoncé, qui doit réunir justement l'ensemble des conditions nécessaires pour la construire. Alors, le problème est paradoxalement second par rapport à la solution. D'ailleurs, il en est de même, à l'origine, pour la plupart des problèmes mathématiques : ils ont été inventés souvent par ceux-là mêmes qui avaient découvert certaines propriétés, dans lesquelles ils ont vu le sujet d'un exercice possible pour mettre à l'épreuve la sagacité de leurs étudiants, voire celle de leurs pairs qui étaient ainsi invités à redécouvrir la solution. C'est ce qui se faisait aux XVIIe et XVIIIe siècles par l'intermédiaire du *Journal des Savants*.

Inversant paradoxalement le rapport de succession habituel entre «poser un problème» et «apercevoir des itinéraires de solution», les problèmes universitaires soulignent donc le lien profond entre ces deux opérations intellectuelles.

Préciser ses listes prioritaires, c'est éclairer sous un jour nouveau les situations

Si l'on ne peut en général énumérer complètement l'ensemble des données nécessaires pour trouver une solution que dans la mesure où l'on connaît celle-ci, inversement, réussir à penser les difficultés qui résultent d'une situation sous la forme d'un problème, c'est entrevoir des itinéraires qui annoncent, sinon directement la solution, du moins une approche possible de celle-ci. Pour trancher le nœud gordien (nœud très compliqué qui attachait le joug au timon du char de Gordius, roi légendaire de Phrygie. Ce char était conservé au temple de Zeus à Gordium. Alexandre, ne pouvant le dénouer, le trancha d'un coup d'épée. Par extension, on appelle «nœud gordien» un problème quasi insoluble) d'un dilemme, commencez par préciser vos objectifs prioritaires pour penser clairement la situation correspondante, avec ses évolutions et transformations possibles : cette clarification vous fournira des indications précieuses pour discerner votre champ de manœuvre et entrevoir une solution. Le questionnaire suivant vous aidera à clarifier les situations à l'origine de nos dilemmes.

Questionnaire pour clarifier vos difficultés
1. Qu'est-*ce qui me gêne* essentiellement dans cette situation ?
2. Qu'est-*ce que je redoute* surtout ?
3. Qu'est-*ce que je veux préserver* avant tout ?
4. Qu'est-*ce qui compte pour moi* par-dessus tout ?
5. *Quels moyens employer* pour :
a) éliminer cette gêne ? (voir la première question)
b) écarter le pire ? (voir la deuxième question)
c) conserver ce que je désire maintenir ? (voir la troisième question)
d) réaliser mes objectifs prioritaires ? (voir la cinquième question)
6. *Quelles peuvent être les conséquences* respectives *des solutions entrevues* dans le prolongement de la cinquième question ?

Ce questionnaire vous aidera à dégager d'une situation embarrassante un ou plusieurs objectifs précis. La transcription de la difficulté en objectifs à atteindre, c'est-à-dire en problème, facilite le repérage des conditions qui rendent possible leur réalisation. Ces questions mettent donc en perspective la situation complexe qui vous embarrasse : envisagée ainsi en fonction de vos priorités personnelles, elle se réduit à l'essentiel, et cette simplification vous permet de prendre une décision, alors que c'était pratiquement impossible tant que les tenants et aboutissants de la situation étaient tous mis sur le même plan, faute de priorités nettement précisées. Bien plus, la décision que vous prendrez ainsi en fonction de vos objectifs prioritaires aura plus de chances de vous convenir finalement : elle sera, en tout cas, la moins mauvaise pour vous et, par suite, la meilleure dans les domaines où il n'y a pas de solution totalement satisfaisante.

Nous vous conseillons d'écrire ce questionnaire et vos réponses, sinon sous forme de phrases complètes, du moins en style télégraphique. Mettre par écrit sa pensée la clarifie en effet. Une idée non formulée risque de rester informe. Cet effort d'écriture est particulièrement indiqué quand on a des idées confuses en raison même de la gravité de la situation affrontée.

Vous expérimenterez cette efficacité de l'écrit, notamment si vous avez à choisir entre plusieurs options qui toutes comportent des avantages et des inconvénients (par exemple, entre plusieurs concours où vous êtes admissible, entre plusieurs prétendants, entre plusieurs situations qui vous sont proposées, plus simplement entre plusieurs séjours de vacances...). Pour chacune de ces options, prenez une feuille de papier que vous divisez en deux; notez d'un côté les principaux points positifs, de l'autre les négatifs. En comparant les arguments «pour» et «contre» des diverses fiches, vous prendrez plus facilement votre décision.

Si vous savez vous servir d'une machine à écrire, nous ne saurions trop vous conseiller de ne pas vous contenter d'écrire vos réponses au questionnaire : tapez-les donc! En effet, un texte dactylographié est jugé par son auteur plus objectivement qu'un manuscrit, où il se reconnaît avec complaisance dans sa propre écriture : la dactylographie, justement parce qu'elle est une transcription en caractères impersonnels, met à distance de vous, plus encore que l'écrit, vos propres idées; elle vous permet donc de les apprécier à leur juste valeur et de donner aux difficultés leur réelle importance sans les exagérer, comme on a tendance à le faire tant qu'elles «collent» à nous en nous angoissant faute d'un recul suffisant.

De plus, s'asseoir à sa table de travail et se mettre à taper à la machine, au lieu d'arpenter rageusement son bureau de long en large, contribue efficacement à retrouver le calme : l'agitation des idées est arrêtée net par la maîtrise du corps, qui est alors occupé à exécuter une série d'opérations précises. Si l'un des effets les plus redoutables de l'angoisse est l'inhibition des possibilités de concentration, inversement l'attention, mobilisée par la frappe d'un texte, écarte radicalement l'angoisse en enrayant son développement.

Application à quelques situations dramatiques

L'étude de quelques cas vous permettra de mieux prendre conscience de l'efficacité du questionnaire antérieur, même pour dénouer de cruels dilemmes ou vous tirer d'affaire dans certaines situations particulièrement embarrassantes. De plus, ces exemples peuvent éventuellement vous donner des idées pour surmonter vos propres difficultés dans la vie pratique.

Le jour le plus long de monsieur T.

Monsieur T. a dû son salut pendant l'Occupation à un questionnaire très semblable à celui que nous vous avons proposé, dont il a eu l'idée dans des circonstances tragiques et qui lui a permis d'envisager une situation en apparence désespérée sous la forme d'un problème, et par suite d'en trouver la solution ; en conséquence, il a pu adopter une ligne de conduite finalement judicieuse, qui exigeait beaucoup de sang-froid et de clame.

Fonctionnaire en zone occupée, il avait souvent affaire à un officier allemand qui venait régulièrement contrôler l'activité de son service. Il pouvait craindre le pire au cas où il tenterait de le tromper. C'est pourtant ce qu'il fit à la suite de son entrée dans un réseau de Résistance. Or, un jour qu'il était absent, l'Allemand trouva dans son bureau un dossier compromettant. Un de ses adjoints qui était là se hâta de le prévenir et lui raconta que l'officier s'était mis dans une colère folle et l'avait traité de tous les noms. De sorte que son arrestation par la Gestapo semblait être le dénouement probable de cette affaire.

Que pouvait-il tenter alors pour échapper à la Gestapo et peut-être au peloton d'exécution ? Après un moment d'affolement, il eut l'idée d'écrire à sa femme, qui se trouvait en zone libre avec les enfants, pour l'informer de la situation, sans trop l'alarmer toutefois. C'est ce qui le sauva.

Essayant de trouver les mots adéquats, il commença en effet à envisager sa condition de «condamné en sursis», voire de «mort en sursis» comme si elle devait avoir un autre dénouement que le peloton d'exécution. Il se demanda alors ce qu'il redoutait exactement. Et s'étant rendu compte que la rédaction de la lettre adressée à sa femme l'avait calmé, il eut l'idée de continuer à écrire en essayant de préciser sa réponse à cette question. Il écrivit donc : «Je crains d'être arrêté demain à mon bureau». Puis il nota de même les réponses aux questions «Que puis-je faire pour l'éviter ?» et «Quelles sont les conséquences probables des diverses parades possibles ?»

La première idée qui lui vint à l'esprit et qu'il nota fut : «Demain, je n'irai pas à mon bureau et je prendrai la fuite». Mais ce dernier projet était difficilement réalisable, car «si la Gestapo est alertée, mon domicile, ainsi que mes allées et venues seront surveillées, et le sont peut-être déjà».

Surtout, pensa-t-il en examinant les conséquences de cette attitude, comme il avait décidé de le faire pour toute issue entrevue : «Je signerais alors moi-même ma condamnation, au cas où je serais arrêté à la suite de cette tentative de fuite. C'en serait fait de mon action résistante au sein de mon administration. Enfin, au cas où ma fuite réussirait malgré tout, des collègues faisant partie du même réseau de Résistance risqueraient d'être arrêtés à ma place, car à la suite de mon départ, qui serait l'aveu de mon double jeu au service des ennemis du Reich, une suspicion va planer sur mes services, où la Gestapo fera des enquêtes minutieuses.

«Dans ces conditions, ne vaudrait-il pas mieux que j'aille expliquer moi-même à l'officier allemand pourquoi je ne lui ai pas montré ce dossier plus tôt. Mais, s'il lit assez couramment le français, il se fait accompagner d'un interprète pour les entretiens à caractère plus technique; mes "explications" devront donc passer par le truchement de cet interprète qui, en les traduisant, ne donnera pas à mes arguments spécieux toute la force de conviction qu'ils auraient pu recevoir de mes intonations "sincères".

«Et pourquoi ne retournerais-je pas à mon bureau demain, comme si rien ne s'était passé? Il n'est pas certain, en effet, que l'Allemand ait alerté la Gestapo. Peut-être préfère-t-il m'interroger lui-même à propos de ce dossier, avant de mêler la

Gestapo à cette affaire ? Je serai alors prêt à lui répondre avec les arguments que je vais préparer : je les choisirais les plus simples possible, pour n'avoir pas à passer par le truchement de l'interprète.

« Il n'est même pas exclu, si je commence mon travail calmement comme d'habitude, en plaisantant, qu'il ne me demande rien, se contentant de m'observer plus attentivement à l'avenir. Dans ce cas, non seulement je me tirerai d'affaire, mais encore le réseau de Résistance pourra continuer à fonctionner, même si je suis "neutralisé" pendant cette période de surveillance étroite.

« Enfin dans l'hypothèse la plus mauvaise, où la Gestapo m'attendrait à mon bureau pour m'arrêter après confrontation avec l'officier, je pourrai plus facilement me défendre que si je suis arrêté après une tentative de fuite qui constituerait une preuve indéniable de ma culpabilité. »

Finalement, monsieur T. choisit d'aller le lendemain à son bureau et de commencer son travail décontracté, comme s'il n'avait pas été averti de ce qui s'était passé en son absence.

Sans doute surpris par son calme, l'officier allemand ne lui parla pas du dossier compromettant : peut-être préférait-il continuer à avoir des relations « cordiales » avec ce fonctionnaire dont il attendait des services ? Peut-être aussi avait-il d'autres préoccupations ? D'ailleurs, quelques semaines plus tard, il devait partir pour le front de l'Est...

Aujourd'hui, monsieur T. tremble rétrospectivement à l'idée de ce qui se serait produit s'il s'était laissé emporter par son affolement et n'avait pas transformé une situation au premier abord sans issue en un problème lucidement pensé.

Situation professionnelle et avenir des enfants

Monsieur R. a une bonne situation dans une entreprise privée. Il habite à la campagne, à proximité de la mer, où il a fait construire une villa en bénéficiant d'un prêt à des conditions intéressantes; elle est entourée d'un grand jardin, où il a installé un portique qui fait la joie de ses enfants.

En route pour le bonheur en somme... s'il n'y avait un grave inconvénient à résider dans ce pays. En effet, C.E.S. et lycée sont à 35 km; seule l'école primaire est sur place. Des cars de ramassage scolaire fonctionnent : les enfants partent de bonne heure et reviennent tard, ayant parcouru ainsi 70 km dans la journée! Certes, on peut les mettre en pension et, dans ce cas, ils retrouvent la maison familiale le week-end. Mais le fils cadet de monsieur R. est de constitution fragile et demande des soins attentifs : le régime de la pension ne saurait lui convenir; supportera-t-il les trajets quotidiens en car?

Or, on offre à monsieur R. une situation sensiblement équivalente dans une grande ville, mais qui ne présente pas toutefois les mêmes possibilités d'avenir. Va-t-il accepter, en sacrifiant son bien-être actuel, sur le plan professionnel comme sur celui de l'habitat, pour l'avenir de ses enfants?

S'il donne une réponse positive à la proposition qui lui est faite, les handicaps susceptibles de gêner la scolarité de ses enfants seront éliminés. Mais ceux-ci risquent de regretter leur vie au grand air et la proximité de la mer. Surtout s'ils doivent habiter un appartement, ce qui est probable, car habituellement ce n'est qu'à l'extérieur de la ville qu'on a des chances de trouver une maison individuelle avec jardin. Et s'il opte pour cette dernière solution, les problèmes de transports scolaires risquent de se représenter. Autrement dit, croyant bien faire, monsieur R. ne va-t-il pas, dans une pareille situation, «tomber de Charybde en Scylla*», d'autant plus qu'il n'est pas sûr que la nouvelle entreprise lui offre autant de possibilités d'avenir que celle où il travaille actuellement.

Pareil cas de conscience ne peut être tranché judicieusement que s'il est auparavant clarifié par le questionnaire précédent : la décision la meilleure, c'est-à-dire celle qui a des chances d'être finalement le moins frustrante, procédera d'une interrogation sur ce qu'on veut par-dessus tout, comme y invite justement notre questionnaire.

Le drame d'une mère

Madame F. a fait un mariage d'amour. Quatre enfants sont nés. Or elle apprend que son mari, qui la délaisse maintenant de plus en plus, a une maî-tresse. Les scènes de ménage deviennent plus fré-quentes; au point même qu'au bout de quelques mois une séparation, voire un divorce, semble devoir être le terme probable de cette situation chaque jour plus pénible et plus frustrante pour madame F.

Si elle se sépare effectivement de celui qui avait pourtant enchanté sa jeunesse, mais dont la pré-sence lui est devenue maintenant insupportable, elle retrouvera le calme et peut-être un nouvel équi-libre. Certes, elle devra alors abandonner le grand

---

* Charybde : tourbillon redouté du détroit de Messine. Le pilote qui tente de lui échapper risque de heurter le rocher de Scylla dans le voisinage immédiat. D'où l'expression «tomber de Charybde en Scylla».

appartement qu'avait acheté son mari. Mais ce ne serait pas vraiment un drame pour elle, d'autant plus que cette perte sur le plan matériel sera sans doute compensée par le calme retrouvé. Or il n'en sera pas de même pour les enfants qui vont la suivre. Si, en un sens, il vaut mieux qu'ils ne soient pas trop longtemps les témoins de fréquentes scènes de ménage entre leurs parents. comment vont-ils vivre avec leur mère dans un deux-pièces? Car c'est tout ce qu'elle peut leur offrir avec sa pension et le petit emploi de dactylo qu'elle espère trouver en cas de rupture. Elle avait pourtant une situation intéressante quand elle s'est mariée; mais depuis, pour élever ses enfants, elle s'est fait mettre en disponibilité et finalement a donné sa démission quand son ménage était encore sans nuages.

Comment prendre une décision si lourde de conséquences pour elle, pour ses enfants... et même pour celui qu'elle avait épousé par amour et qui l'a tant déçue après des années de bonheur?

Voilà encore un cas où notre questionnaire, avec réponses écrites, peut être fort utile, puisqu'il s'agit fondamentalement pour cette femme de savoir ce qu'elle veut avant tout.

C'est en effet le seul moyen de connaître une relative paix intérieure quand toutes les solutions envisageables impliquent de pénibles renoncements. Et c'est bien le cas ici.

Il n'est d'ailleurs pas impossible qu'en essayant de préciser son vouloir profond elle ne se rende compte qu'elle aime encore d'une certaine manière son mari, en qui elle continue à voir celui qui a illuminé sa jeunesse et avec lequel elle a tant de souvenirs communs. Alors pourquoi ne trouverait-elle pas dans ce sentiment la force pour tenter malgré tout de le reconquérir? Car c'est une autre ligne d'évolution possible de cette situation.

Si elle opte pour cette dernière ligne de conduite, quitte à prendre ensuite une autre décision au cas où elle aboutirait à un échec, elle se rendra compte qu'elle devrait se montrer désormais plus détendue, afin d'être plus accueillante pour celui qui s'est éloigné d'elle. Cet éloignement n'est-il pas dû, en partie du moins, à l'ambiance d'énervement qu'elle contribuait à créer dans la maison par suite d'une santé affaiblie par les multiples agressions de la vie moderne, auxquelles s'ajoutaient maintenant les tourments causés par l'infidélité du mari ?

Madame F. ne connaissait pas ce livre, et pour cause. Mais, ayant examiné les divers axes évolutifs autour desquels s'articulait sa très pénible situation et s'étant interrogée sur ce qui lui tenait le plus à cœur, elle opta finalement pour le sacrifice en faveur de ses enfants. Ayant pris cette décision et accepté lucidement ce qu'elle impliquait, elle se sentit soulagée et retrouva un calme qu'elle ne connaissait plus depuis longtemps. Ce calme intérieur, procuré par une décision en accord avec ses options profondes, devait même avoir une influence bénéfique sur la suite des relations avec son mari qui, sans redevenir pour autant ce qu'il était pour elle aux premières années de leur mariage, cessa d'être agressif à son égard et fut même plus gentil avec elle. Ayant évité le pire, elle ne désespère pas de voir revenir à elle celui qu'elle n'a pas cessé d'aimer au fond.

Dans les cas de ce genre, on se rend compte très nettement de ce qui différencie les problèmes personnels de ceux du mathématicien. Tandis que ces derniers comportent une unique solution, même si les voies pour y parvenir peuvent être multiples, les difficultés auxquelles nous sommes acculés par la vie ont des «solutions» variables, et plus ou moins bonnes, selon la personne concernée : telle solution, qui sera «heureuse» pour tel individu, c'est-à-dire souvent en fait la moins mauvaise pour lui, ne sera pas appréciée de la même manière par ceux qui n'ont pas les mêmes attitudes fondamentales devant l'existence. Ici, «solution» implique «engagement personnel» : elle en est indissociable.

Par la pluralité des solutions techniquement valables, mais dont aucune n'est parfaite, contrairement à ce qui a lieu en mathématiques, les problèmes de l'ingénieur se rapprochent de ces problèmes personnels; leur dépendance à l'égard des valeurs qui orientent un inventeur dans sa vie est toutefois moins étroite, sans être totalement nulle dans la mesure où les réalisations techniques ont une influence sur les conditions d'existence dans les sociétés industrielles.

Son rêve réalisé brusquement anéanti

Monsieur J. a hérité de ses parents la maison de son grand-père, où il passait ses vacances lorsqu'il était enfant. Comme elle est bien située dans un village pittoresque, au milieu de prairies et de bosquets, il l'a restaurée dans le style de la région, et pour cela y a investi une grande partie de ses économies.

Or, on annonce qu'une usine polluante doit bientôt être construire à proximité. Finis le calme, l'air pur, une réussite certaine sur le plan de l'art de vivre, bref tout ce que symbolisait cette maison! Bien entendu, monsieur J. a la possibilité de la vendre pour en acheter une autre mieux située. Mais elle est maintenant dépréciée et il est peu probable, dans ces conditions, qu'il récupère tout l'argent qu'il y a investi. De plus, la demeure qu'il achèterait ailleurs ne serait plus la maison ancestrale : il s'y sentira déraciné. Mais n'y aurait-il pas moyen de contrecarrer le projet de l'entreprise qui désire construire cette nouvelle usine ?

Comment s'y prendre ? A quelles portes frapper ? Quels leviers de commande faire intervenir ? Ne pourrait-on constituer une association de sauvegarde du site ? Et si l'on ne peut empêcher la construction de l'usine, ne serait-il pas possible de lui faire imposer des normes strictes d'exploitation éliminant la pollution ou, du moins, la réduisant d'une manière importante ?

Quoi qu'il en soit, en pareilles circonstances, il convient d'éviter la dépression nerveuse : c'est en effet le pire qui puisse alors arriver ; et cela n'en vaut tout de même pas la peine, si attaché qu'on soit à un bien de famille.

Répondre au questionnaire que nous proposons constitue un moyen très efficace pour conjurer cette conséquence redoutable d'un «coup du sort» : on substitue à une rumination d'idées noires une attitude d'affrontement lucide. Qui plus est, répondre par écrit est très important, tout particulièrement quand on est au bord de la dépression. Coucher sur le papier les idées de parade qui nous viennent à l'esprit non seulement aide à y voir plus clair, mais aussi impose aux pensées un rythme lent, qui rompt la précipitation haletante des idées confuses : l'angoisse ne peut alors s'installer, ni la dépression en découler.

Madame S. se trouvait dans une situation semblable à celle de monsieur J., mais pire en ce sens qu'une autoroute allait être construite à proximité de sa résidence principale : quand elle l'a appris, elle a bien cru faire une dépression. Savez-vous ce qui l'a sauvée? C'est justement, nous a-t-elle dit, l'habitude de tenir son journal : le fait d'exprimer par écrit la «tuile» qui s'abattait sur elle lui a permis d'envisager peu à peu sous un autre angle la situation.

La catharsis des passions (leur guérison) par l'expression écrite n'est pas simplement un thème pour dissertations littéraires : c'est une réalité psychologique. Peu importe que vous ayez ou non du style! Il ne s'agit pas de faire un roman à partir de votre infortune, mais de vous la raconter à vous-même sous la forme d'un discours cohérent, au lieu de ressasser intérieurment des idées noires qui s'entrechoquent.

Le «ras-le-bol» d'un jeune philosophe

C'est en essayant d'y voir plus clair dans son «ras-le-bol», c'est-à-dire dans l'accumulation des idées noires, qui menaçaient alors de submerger toute sa vie mentale, qu'un agrégatif de philosophie a réussi à retrouver un équilibre psychologique. S'interrogeant sur ce qu'il redoutait le plus (n'est-ce pas précisément l'objet de notre deuxième question?) s'il ne parvenait pas à sortir de cet état, il se souvint d'une pensée de Léon Brunschvicg[6] que je lui avais indiquée un jour où nous parlions de ce grand philosophe des sciences, sur lequel je venais justement d'écrire un livre[5]. Elle m'avait frappé, en effet, tant elle tranchait par son ton désabusé sur l'optimisme serein de cette philosophie du progrès spirituel qui est exprimée dans toute son œuvre : la vie, disait-il, est comme «un chemin de fer où l'on est sans savoir pourquoi l'on est parti, ni d'où». Cette formule se continuait et s'achevait par la réflexion suivante :

tout ce qu'on sait de la vie, semblable à ce chemin de fer, c'est «seulement que si l'on veut se croire arrivé, et descendre, on n'existe plus». Autrement dit, si je cesse de progresser («se croire arrivé»), si je cesse de lutter («descendre» du train), je ne vis plus vraiment et je m'interdis tout espoir d'épanouissement («on n'existe plus»).

L'état d'âme de notre agrégatif de philosophie qui en avait «ras-le-bol» lui remit en mémoire cette phrase, dont le début s'accordait si bien avec ce qu'il pensait : les similitudes de tonalité affective ne jouent-elles pas un grand rôle dans le souvenir ? C'est alors que la fin de la formule fit sur lui l'effet d'un dopant instantané qui dissipa immédiatement ses idées noires. Sur-le-champ, il se remit résolument à préparer son concours.

Le souvenir de cette expérience vécue l'aida, dans les années qui ont suivi, chaque fois que le découragement menaçait : la formule de Brunschvicg a toujours eu pour lui valeur de coup de fouet salutaire très efficace pour substituer un état tonique à la dépression naissante.

Si cette pensée de Brunschvicg retient également votre attention, notez-la et apprenez-la par cœur, de manière à vous en souvenir quand vous aurez à exorciser les pensées dépressives, quand votre vie vous semblera absurde. Son deuxième mouvement pourra vous servir alors paradoxalement de dopant contre le «ras-le-bol» :

«Un chemin de fer où l'on est sans savoir pourquoi l'on est parti, ni d'où, mais seulement que *si l'on veut se croire arrivé, et descendre, on n'existe plus.* Voilà vivre[6].»

Envisager plusieurs solutions possibles

Dans les cas étudiés antérieurement, une connaissance intuitive du questionnaire, ou plutôt de quelques-unes de ses interrogations, a permis à des gens qui n'avaient pas lu ce livre, et pour cause, d'adopter une ligne de conduite positive en présence de situations embarrassantes, au lieu d'être paralysés par le sentiment déprimant de ne savoir que faire pour bien faire. Ce choix a été rendu possible par la prise de conscience préalable de plusieurs solutions éventuelles et de leurs conséquences respectives. Notamment, dans le cas de monsieur T. (le premier exemple), l'attitude qui devait être finalement la plus efficace a été entrevue au terme d'un inventaire des différentes évolutions possibles de la situation dramatique à laquelle il était acculé.

Si l'on veut multiplier les chances de trouver une issue à ses difficultés, il ne suffit donc pas de les exprimer sous forme de problèmes grâce au questionnaire : il convient d'envisager plusieurs parades possibles, ou plusieurs moyens de se tirer d'affaire. Or n'avons-nous pas tendance à nous contenter de la première idée intéressante qui nous vient à l'esprit, très heureux d'ailleurs d'en avoir une, notamment quand la situation paraissait initialement sans issue ? Pour inverser cette tendance qui n'est que trop naturelle, cherchons donc systématiquement au-delà de la première solution entrevue !

L'intelligence ingénieuse dans les divers domaines, qu'il s'agisse de vie intellectuelle ou de problèmes pratiques, ne se caractérise-t-elle pas par la visée d'un au-delà du donné, par le dépassement de l'acquis, de ce qu'on a l'habitude de faire, ou plus simplement de l'idée même qu'on vient d'avoir ? L'esprit humain a tellement tendance à se figer sur les premières perspectives envisagées que même les auteurs de grandes découvertes ont parfois regretté d'avoir limité prématurément leur champ de recherche.

N'est-ce pas le cas notamment d'Enrico Fermi, le grand savant italien qui devait réaliser la première pile atomique à Chicago en 1942, après avoir manqué la découverte de la «fission» de l'uranium, qu'il avait pourtant provoquée dès 1934 dans ses expériences où il bombardait l'uranium par des neutrons? (Les neutrons sont des particules atomiques à grande vitesse, de masse importante, électriquement neutres comme l'indique leur nom.) Il avait interprété l'intense radio-activité ainsi produite comme résultant de la présence de «transuraniens», c'est-à-dire des corps plus lourds que l'uranium, qu'il a effectivement découverts et pour lesquels il a reçu le prix Nobel en 1938 (sait-on que la cérémonie de remise du prix Nobel à Stockholm a été pour Fermi l'occasion de quitter l'Italie fasciste avec sa famille pour partir aux États-Unis? La réussite de cette évasion rocambolesque est due à un examen lucide par Fermi de sa situation personnelle devenue très inconfortable à l'époque : il fit un tour d'horizon des possibilités de manœuvre encore possibles en dépit d'une surveillance devenue plus tatillonne, et de leurs conséquences respectives. En somme, Fermi a appliqué intuitivement un questionnaire, très semblable à celui que nous vous avons conseillé aux situations rencontrées dans la vie pratique comme dans son laboratoire), sans se rendre compte qu'elle pouvait provenir aussi de fragments radio-actifs de noyaux d'uranium éclatés à la suite du choc de neutrons incidents.

«A Rome nous n'avons pas eu assez d'imagination», reconnut-il après la mise en évidence de la fission en 1939 à la suite des expériences décisives d'Otto Hahn et des Joliot-Curie, «pour comprendre qu'un processus de désintégration nucléaire pourrait, avec l'uranium, différer de ce qui se produit avec d'autres éléments; et nous avons cherché à identifier les produits radio-actifs avec les éléments proches de l'uranium».

Faisons notre profit de ces leçons de lucidité sur eux-mêmes que nous donnent les génies qui reconnaissent avoir trop restreint l'horizon de leurs recherches à cause d'une hypothèse qui leur paraissait avoir des chances de réussir ou même qui a réussi effectivement au point de masquer un autre phénomène. C'est pourquoi nous vous invitons à ajouter une septième question au questionnaire précédent, pour rendre encore plus efficace l'interrogation méthodique de vos difficultés.

Question supplémentaire
N'y aurait-il pas encore d'autres solutions?

Si nous sommes finalement impuissants devant certaines situations, c'est souvent parce que nous avons pris une décision malheureuse, faute d'en avoir aperçu d'autres qui auraient peut-être été meilleures. Notre erreur est de n'avoir pas eu le réflexe intellectuel de chercher de nouvelles solutions pour nous tirer d'affaire. Et nous le regrettons quelquefois amèrement après coup: «Ah! Si j'avais su», dit-on trop tard.

Devant une situation angoissante puissions-nous avoir l'angoisse d'oublier quelque possibilité de manœuvre! Voilà en effet une forme d'angoisse qui, loin de paralyser, permet au contraire de lutter efficacement contre toutes les autres formes de hantise, de crispation ou de panique. Toutefois, quand nous pensons tenir vraiment une bonne solution, il vaut mieux arrêter, au moins provisoirement, l'examen du problème : il ne faudrait pas qu'une recherche plus poussée devienne le prétexte pour se dispenser de prendre une décision.

Parlez de vos soucis à quelqu'un de confiance

Pour multiplier à bon escient les perspectives sur vos problèmes, n'hésitez pas à en parler éventuellement à des personnes capables de vous comprendre et qui ne trahiront pas la confiance qui vous a incité à leur en faire la confidence. S'ouvrir à autrui de ses problèmes, c'est s'ouvrir à d'autres manières d'envisager ses propres difficultés. Et puis, la parole, comme l'écriture et plus généralement comme tout moyen d'expression, est bénéfique : se confier, c'est commencer à prendre du recul par rapport à son angoisse ; c'est se mettre dans de bonnes dispositions pour considérer plus objectivement la situation.

C'est pourquoi on voit se multiplier dans nos villes tentaculaires, où les communications entre personnes sont difficiles, les «conseillers», que ce soit en orientation professionnelle, ou en matière conjugale... sans oublier les «écoutants» de «S.O.S. amitié» qui sont à votre disposition au bout du fil vingt-quatre heures sur vingt-quatre. Ces institutions modernes tentent de remplir un peu dans le monde d'aujourd'hui le rôle que pouvait avoir autrefois ce qu'on appelait la «direction de conscience», du moins quand elle était de type «non directif» et permettait l'expression et, par suite, l'objectivation des problèmes personnels ainsi que l'ouverture des points de vue.

Ne cherchez pas «midi à quatorze heures»!

Peut-être, lorsque vous êtes angoissé, avez-vous tendance à écarter d'emblée les solutions simples : en raison même de la complexité de la difficulté à laquelle vous vous heurtez, vous pensez d'une manière confuse que seule une solution compliquée peut lui convenir. Or il n'y a rien de plus faux : ce n'est pas parce que les données sont complexes qu'il faut dédaigner les solutions simples! Ce sont souvent les plus efficaces, parce que les plus facilement réalisables, ce qui ne veut pas dire d'ailleurs qu'il soit facile de les trouver!

Il se produit dans la vie pratique un peu ce qui a lieu en mathématiques. Vous vous souvenez des solutions dites «élégantes» en raison de leur belle simplicité? Elles n'étaient pas encombrées de constructions compliquées, ni de calculs difficiles. Elles étaient même déjà toutes tracées dans la figure de l'énoncé : il suffisait, mais c'était très difficile, de percevoir d'une certaine manière cette figure pour discerner que certaines droites étaient susceptibles de jouer d'autres rôles que ceux repérés en premier lieu. Si ces solutions élégantes sont presque toujours les dernières auxquelles on pense, en dépit de leur simplicité, c'est justement parce que leur découverte implique un très large tour d'horizon des données et des possibilités de manœuvre.

C'est donc en multipliant les perspectives sur la situation qui est à l'origine de vos difficultés, notamment en cherchant systématiquement d'autres issues que les premières entrevues, que vous aurez le plus de chances d'apercevoir des solutions simples pour résoudre élégamment vos problèmes. Encore faut-il ne pas les avoir écartées d'emblée, en raison d'un préjugé encore très largement répandu qui peut vous coûter cher en l'occurrence : parce qu'on qualifie de «géniales» les idées «ingénieuses», on a tendance à croire qu'elles sont nécessairement hors du commun et, par suite, compliquées.

Ce préjugé a notamment été exploité pendant la guerre par la propagande nazie en juin 1944, le jour où les premier V1 étaient lancés sur Londres : pour prouver que l'Allemagne détenait bien l'arme absolue qui allait renverser la situation militaire, les speakers décrivaient des rampes de lancement comportant «des milliers de manettes» (!); autrement dit, on présentait le V1 comme un dispositif d'une complication inouïe, afin de persuader les auditeurs que cette arme ne serait pas construite de si tôt par le camp opposé. Or il suffisait d'un peu de sens critique pour se rendre compte qu'un appareil avec des «milliers de manettes» serait tout simplement inutilisable, en raison même de sa complication! Mais les services de propagande nazie escomptaient que le préjugé identifiant «ingénieux» et «compliqué» était suffisamment fort pour empêcher l'esprit critique de s'exercer.

L'histoire des sciences et des techniques souligne, au contraire, la fécondité des idées simples. En particulier, plus un dispositif est complexe, plus il comporte de causes éventuelles de pannes ou de mauvais fonctionnement. Un appareil à structure simple constitue un progrès décisif. Quand un chercheur entrevoit plusieurs hypothèses possibles, ne choisit-il pas la plus simple, parce que sa simplicité lui paraît être un indice de sa validité ? C'est notamment ce qui a guidé Watson dans la détermination de la structure en double hélice de l'A.D.N. (acide désoxyribonucléique) qui joue un rôle fondamental dans la transmission du code génétique[27].

Quant au grand atomiste italien Enrico Fermi, dont nous parlions plus haut, il avait le génie de la simplicité, comme le souligne sa femme dans l'ouvrage qu'elle a écrit sur ses travaux[13]. Pour mesurer l'effet de souffle de la première explosion atomique, qui a eu lieu dans le désert d'Alamogordo aux États-Unis, il utilisa de petits bouts de papier et mesura à grands pas la distance où les avait projetés l'onde de choc. Les calculs qu'il fit à partir de ces données d'une simplicité élémentaire lui permirent d'arriver aux mêmes résultats que ceux obtenus par d'autres physiciens avec des appareillages très complexes !

Il faut donc cesser d'identifier solutions «simples» et idées «simplistes». Ces dernières doivent être absolument écartées, car elles ne tiennent pas compte de l'essentiel vers lequel, en revanche, oriente directement notre questionnaire en vous aidant à simplifier vos dilemmes éventuels. Dégager l'essentiel rend possible le discernement des solutions élégantes dans leur simplicité.

EXERCICES

Les exercices suivants vous aideront à mettre en pratique ces conseils pour résoudre vos problèmes, afin d'accéder à une existence plus détendue.

● Que conseiller à des amis en difficulté ?

Pour vous redonner confiance dans vos possibilités de trouver des solutions judicieuses à vos problèmes, commencez donc par appliquer le questionnaire aux situations qu'affrontent des gens que vous connaissez. Même si l'on compatit profondément aux difficultés d'autrui, on n'est pas vraiment angoissé par elles. Dès lors, on peut plus facilement les transformer en problèmes, dont on explore les solutions possibles, méthodiquement et objectivement.

Après avoir examiné ainsi les problèmes d'autrui, nous vous engageons à aborder les vôtres comme s'ils étaient ceux d'une personne qui vous aurait demandé conseil. Pourquoi alors n'adopteriez-vous pas cette solution ? Et si vous la refusez, pour quelles raisons n'est-elle pas valable pour vous ?

Ayant précisé cet élément personnel, qui peut être par exemple une certaine conception de l'existence ou des convictions auxquelles vous adhérez profondément, et vous étant rendu compte que cela fait partie intégrante de votre problème, demandez-vous alors : «Quelle décision, dans l'éventail des possibles, sera la plus gratifiante et la moins frustrante pour moi, vu ce coefficient personnel ?»

● Les «arbres de Riguet»

Pour vous entraîner à envisager tout problème, et particulièrement les vôtres, selon des perspectives variées et à chercher systématiquement d'autres solutions que les premières entrevues, nous vous recommandons le jeu de créativité dit des «arbres de Riguet».

Il s'agit d'essayer de construire, à l'aide de sept segments de droite égaux, le plus grand nombre possible de figures non fermées, même partielle-

ment (par exemple la figure qui comprend une bou-
cle BCDE ne convient pas parce qu'elle est partiellement fermée), et dans lesquelles les segments
constituants ont deux à deux au moins une extré-
mité commune, sauf les segments extrêmes (car
dans ce cas la figure serait fermée).

Ces figures étant non fermées, même partiellement, ont des formes arborescentes : c'est pourquoi
on les appelle des «arbres», les «arbres de Riguet»,
du nom de l'inventeur de ce jeu.

○ *Quelques précisions pour bien comprendre le jeu*
On demande de construire le plus grand nombre
possible de types de figures satisfaisant à ces conditions, autrement dit le plus grand nombre de structures, caractérisées respectivement par les relations
entre segments constituants, remplissant ces conditions — et non pas leurs variantes, qui sont une
infinité. Dès lors, chaque fois que vous dessinez une
nouvelle figure, assurez-vous bien qu'elle ne dérive
pas d'une autre, antérieurement construite, par
simple rotation autour d'extrémités communes d'un
ou de plusieurs segments constituants, dans le plan
ou dans l'espace.

Par exemple, les figures A et B sont du même
type, en dépit des apparences :

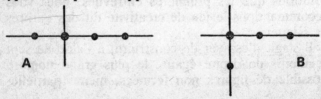

Il en est de même des figures C et D :

○ *Et maintenant, à vous de jouer!*

Pour vous stimuler dans votre recherche de nouvelles figures au-delà de celles que vous avez
construites, nous vous indiquons qu'on démontre,
dans le cadre de la théorie mathématique des
graphes, qui a donné l'idée de ce jeu (c'est une
étude des relations entre segments constituants
d'une figure), qu'*on peut construire 23 arbres de
Riguet,* comportant chacun une infinité de variables.

○ *Intérêt de ce jeu*

Si vous consacrez à la construction des arbres de
Riguet quelques quarts d'heure pendant vos loisirs,
même si vous ne parvenez pas à les trouver tous,
vous en garderez au moins le souvenir d'une recherche systématique d'un dépassement de ce que vous
avez imaginé *a priori,* en l'occurrence la visée d'autres figures que celles dont vous venez d'avoir eu
l'idée.

De plus, il est pratiquement impossible de trouver une méthode permettant de découvrir à coup
sûr, automatiquement en quelque sorte, les
23 arbres de Riguet : si vous avez l'idée d'une
méthode pour déduire les uns des autres plusieurs
arbres (autrement que par simple rotation de
segments autour d'extrémités communes, car dans
ce cas ce ne serait que des variantes du premier),
elle vous permettra d'en découvrir sans doute un
certain nombre ; mais, à moins de connaître peut-
être la théorie des graphes, vous ne parviendrez pas

à les entrevoir tous en n'appliquant qu'une seule méthode. Autrement dit, il vous faudra changer de méthode en cours de route, notamment pour trouver les deux ou trois derniers.

Ce jeu, qui vous invite à chercher systématiquement d'autres figures, puisqu'il s'agit d'en construire le plus grand nombre possible, vous amène à changer même votre méthode, si vous en avez une pour attaquer le problème. Il constitue donc un symbole de l'idéal qu'il faudrait essayer d'atteindre dans toute recherche, en particulier quand vous tentez de trouver une solution judicieuse à vos problèmes, et indique nettement l'attitude intellectuelle qu'il convient alors d'adopter.

La performance des «23 arbres de Riguet trouvés» n'est donc pas le plus important dans ce jeu. Il est toujours profitable si on l'a pratiqué, quel que soit le résultat atteint, car on en garde le souvenir de cet idéal intellectuel à cultiver pour mieux résoudre ses problèmes.

Jouez aux «arbres de Riguet» pour vous détendre de vos soucis : ce jeu vous éclairera dans votre recherche ultérieure d'une issue à ce qui vous préoccupe ou vous angoisse.

A la fin de cet ouvrage, vous trouverez le tableau complet des 23 arbres de Riguet. Pour tirer vraiment profit de l'exercice, ne le consultez qu'après avoir cherché à construire les figures pendant une heure environ au total : encore une fois, le plus important n'est pas de trouver toutes ces figures, mais de les chercher, en pratiquant l'idéal d'une investigation systématiquement à l'affût d'autres solutions. Nous avons d'ailleurs dessiné les arbres de Riguet sous une forme telle que vous n'en gardiez pas un souvenir précis, au cas où vous ouvririez la page correspondante avant d'avoir fait l'exercice.

L'énervement ou l'antibonheur

L'énervement, qui est à l'opposé du calme intérieur, constitue pour beaucoup de nos contemporains un obstacle au bonheur, en entretenant leur mauvaise humeur. En effet, comment vivre décontracté, quand, pris dans le rythme de la cité moderne, on est constamment «sur les dents»?

Pour échapper à cette malédiction qui menace tout spécialement les grandes villes, il importe pour chacun de nous de bien prendre conscience des principales causes d'énervement dans la vie quotidienne. En perturbant notre équilibre par une succession de chocs nerveux au cours de la journée et en nous mettant dans l'impossibilité de profiter de tout ce qui pourrait faire le prix de la vie dans l'existence quotidienne, elles nous empêchent d'être détendu et nous font véritablement passer à côté du bonheur. Elles risquent même de rendre caduques nos meilleures résolutions : nous rêvions d'être «maîtres de nous comme de l'univers» et, quelques instants plus tard, ce beau projet s'écroule, parce qu'une situation inattendue nous met en colère et nous ridiculise à nos propres yeux.

«Un homme averti en vaut deux»

Si nous repérons lucidement ces motifs d'énervement, nous serons désormais vis-à-vis d'eux dans la situation avantageuse d'un «homme averti qui en vaut deux» : n'étant plus surpris par eux, nous abandonnerons notre livrée de détonateur permanent, qui nous transforme souvent en caricature vivante.

Quelles sont donc les principales situations qui agissent sur nous comme autant d'explosions perturbatrices ? Il est utile d'en faire l'inventaire pour être forts vis-à-vis d'elles, pour les reconnaître quand elles se présenteront : au lieu de nous faire bondir, voire nous mettre hors de nos gonds, elles seront pour nous l'occasion d'affirmer davantage notre détermination de vivre en sérénité.

Votre vie est-elle une course contre la montre ?

Comme la plupart de nos contemporains, vous avez sans doute peur de ne pas arriver à l'heure. Chaque fois que nous nous surprenons à être effectivement en retard, disons-nous bien que s'énerver ne peut que provoquer des maladresses, qui nous font perdre des minutes supplémentaires. Notre énervement peut même avoir des conséquences plus graves que le retard à éviter. Songez qu'un simple constat de dégâts matériels sur votre auto, par suite d'un heurt de la circulation consécutif à des manœuvres trop impulsives, vous fera perdre beaucoup de temps ; *a fortiori*, un accident avec traumatisme... Et pourquoi pester contre un feu rouge ? Vous aurez plus de chance une autre fois ! Profitez-en plutôt pour vous relaxer et vous rétablir dans la décontraction, puisque c'est un bien toujours à votre portée, du moins si vous y pensez. Ce feu rouge qui interrompt votre rush vers l'avant et le futur joue alors un rôle de signal libérateur : il vous délivre de cette fuite incessante vers l'avenir, qui vous fait trop souvent passer à côté du bonheur.

Ce type d'angoisse se manifeste aussi sous la

forme de la crainte de ne pas terminer à l'heure ou encore l'impression de «ne pas avancer dans son travail»; ici également, comme toujours, l'énervement n'est pas une solution rentable; il est souvent cause de retards supplémentaires, ne serait-ce que parce qu'il faut recommencer ce qui a été fait trop rapidement.

En fait, il importe surtout que cette préoccupation de «ne pas arriver à temps» et l'affairement qui en découle ne nous dérobent pas un bonheur qui est à notre portée, puisqu'il ne dépend que de nous. Et cela d'autant plus que la décontraction est, en définitive, condition d'une plus grande efficacité. Descartes n'indique-t-il pas, dans ses lettres à Élisabeth de Bohême que la joie et le contentement intérieur sont sources de réussite dans l'action?

Ah! les imprévus qui nous retardent ou perturbent nos projets

C'est surtout quand nous avons à terminer un travail urgent que nous risquons d'être agacé par des imprévus qui surgissent en travers de la tâche commencée et qui viennent perturber notre équilibre intérieur. En présence de ces événements fâcheux qui bouleversent nos projets, nous avons tendance à nous laisser gagner par l'énervement, voire emporter par la colère.

Dites-vous bien alors qu'exploser, pester n'arrange rien mais démolit à coup sûr les nerfs et dissipe votre énergie en pure perte; ce qui est source de fatigue et de moindre résistance en définitive.

Certes, nous ne nions pas que la colère, à l'encontre par exemple des subordonnés qui en prennent à leur aise dans le travail, puisse être efficace. A condition toutefois qu'elle reste un moyen exceptionnel et maîtrisé. Mais à part ces cas où la colère est utile, il convient de l'enrayer dès qu'elle menace de vous envahir. Opposez-lui alors une force plus grande ; en l'occurrence, votre aspiration à être heureux sans subir les agressions du monde. Dans ces moments-là, où vous sentez monter en vous la colère, dites-vous bien : «Le calme intérieur est finalement mon bien le plus précieux, car les contrariétés ne peuvent me le ravir que si j'y consens, précisément en m'abandonnant à ma première impulsion. D'ailleurs ce calme me permettra de trouver les parades ou les répliques les plus efficaces, et par suite des solutions à mes problèmes.»

Grâce à cette idée, dont nous vous conseillons de vous pénétrer dès aujourd'hui pour l'avoir bien en mémoire, vous éviterez de transformer en drame ces chiquenaudes reçues dans la vie quotidienne. Et si vous avez cédé à un premier mouvement de colère, reprenez-vous vite, au besoin en vous isolant dans une pièce pour retrouver le calme, ou plus simplement en rythmant votre respiration, ce qui sera plus discret.

En somme, changez toutes les blessures de la vie quotidienne en occasions de raviver votre volonté de demeurer le plus possible dans le calme intérieur, quoi qu'il arrive. Vous transformerez ainsi en étapes vers le bonheur les irritations qui pourraient par leur répétition compromettre jusqu'à votre santé, si vous vous laissiez emporter trop souvent par elles. Il suffit d'avoir connu une fois la grande joie de se maîtriser, alors que tout justifiait un esclandre, pour commencer à prendre l'habitude de considérer ces motifs d'énervements fréquents comme insignifiants ; pas tout à fait cependant, parce que nous sommes des êtres de chair et de nerfs : pour la condition humaine, sérénité ne signifie pas insensibilité, mais calme et force d'âme. L'essentiel est de n'être pas ébranlé par ces piqûres d'épingle quotidiennes, au point que notre santé en soit compromise ou que nous en oublions finalement de vivre pleinement.

«*S'emporter, c'est être déporté loin du bonheur dans le présent*» (en se privant de la décontraction), telle doit être votre devise !

EXERCICES

● **Un petit tour d'horizon matinal**
En faisant votre toilette, par exemple, remémorez-vous les principaux obstacles à la décontraction que vous rencontrerez probablement au cours de la journée, comme vous les avez rencontrés les jours précédents : les circonstances où vous aurez peur de ne pas arriver à l'heure ou de ne pas terminer à l'heure, qui risquent, par leur caractère fâcheux, de vous faire perdre le contrôle de vous-même. Par exemple, si vous avez des enfants en bas âge, vous devez vous attendre à ce qu'ils viennent vous demander un jouet au moment où vous faites attention à autre chose, au moment aussi où vous serez occupé... Pensez également aux coups de téléphone quand vous serez concentré sur un travail, etc.

A la suite de ce rappel, qui fait de vous un «homme averti qui en vaut deux», même si un événement imprévu survient en marge de ce bref inventaire matinal, vous ne serez plus tout à fait «non prévenu» : vous serez moins surpris, puisque mis en situation d'accueil à l'égard de toutes les situations virtuelles qui peuvent vous agacer et vous faire oublier de vivre décontracté.

● **Un talisman contre les agressions de la vie quotidienne**

Si vous aimez dessiner, représentez sous une forme symbolique la nouvelle attitude que vous voulez adopter face aux imprévus désagréables : ne pas vous fâcher, si fâcheux soient ces imprévus, pour ne pas vous gâcher l'existence. Placez cette petite image aux endroits où vous avez le plus de probabilité de vous sentir agressé dans la journée : sur votre bureau, à proximité du téléphone... et, pourquoi pas, à côté du tableau de bord dans votre auto?...

Ces signes cabalistiques, que vous seul comprendrez, vous rappelleront votre décision de vivre plus détendu, en profitant même de ce qui pourrait vous en détourner.

Il n'est d'ailleurs pas nécessaire de savoir bien dessiner pour réaliser ce talisman contre les agressions de la vie quotidienne : deux simples perpendiculaires peuvent symboliser, en effet, l'attitude positive à adopter face aux imprévus désagréables. La verticale symbolise ces derniers, qui foncent en piqué sur vous. Elle divise en deux parties une horizontale : la première moitié symbolise votre activité concentrée avant l'événement imprévu, tandis que l'autre moitié, justement parce qu'elle est dans le prolongement direct du début de la droite, représente la reprise dans le calme de votre activité momentanément interrompue (alors que si vous aviez explosé, vous vous seriez remis plus difficilement au travail).

● **Aidez-vous éventuellement de l'autosuggestion**
Apprenez par cœur la formule suivante, que vous vous réciterez intérieurement à différents moments de la journée, dans le métro par exemple, et notamment quand vous venez d'être emporté par un mouvement de colère ou d'énervement : « Décontracté, je suis plus efficace et moins fatigué. »

Une semaine de retraite à l'insu de tous

Pour vous aider à vivre plus décontracté, selon les indications des chapitres précédents, nous vous proposons une retraite à l'insu de tous, sans quitter vos occupations.

Premier jour : la respiration de type abdominal fréquente

Pendant un jour, pratiquez le plus souvent possible la respiration de type abdominal : vous inspirez en gonflant le ventre et expirez en le contractant. Ces variations du volume abdominal s'accompagnent de mouvements plus amples du diaphragme et d'un léger massage des viscères ; leur rythme a une action régulatrice sur les centres nerveux : en effet, les mouvements réguliers du diaphragme massent continuellement le plexus solaire, ce réseau de filets nerveux enchevêtrés qui est placé derrière l'estomac et joue un grand rôle dans nos émotions.

Dès que vous y pensez dans la journée, pratiquez donc cette respiration de type abdominal, qui n'est d'ailleurs, remarquez-le bien, qu'une respiration naturelle, mais consciente et mieux rythmée : c'est en raison même de son caractère naturel que vous pouvez la pratiquer très souvent, en tout lieu, à l'insu de tous : au bureau, en voiture à un feu rouge, au cinéma, au restaurant en attendant le plat quivant, chez vous devant la télévision, avant de vous endormir ; même dans le métro aux heures de pointe, car ce qui importe dans cette pratique respiratoire, plus que l'oxygénation des poumons effectivement faible alors, c'est l'effet régulateur des mouvements du diaphragme sur le système neuro-végétatif.

Si vous faites régulièrement cet exercice au cours de la première journée, vous prendrez l'habitude de pratiquer la respiration abdominale en toute circonstance ; d'autant plus que vous expérimenterez son influence bénéfique sur votre activité, qui deviendra plus décontractée.

Deuxième jour : rééquilibrez votre régime alimentaire

Voici quelques suggestions ou questions à vous poser sur ce point au cours de la deuxième journée :
— Ne conviendrait-il pas de diminuer la dose d'excitants dans votre nourriture : alcool, apéritifs, cafés, excès de viande...
— Peut-être mangez-vous trop ? Manger moins n'a jamais tué personne, ni se mettre à la diète : c'est même souvent bénéfique.
— Si vous prenez régulièrement vos repas au restaurant, méfiez-vous de la nourriture trop riche, en particulier des assaisonnements et sauces. Commandez un menu simple et bien équilibré, comprenant notamment légumes verts et viande grillée.
— Si vous devez participer fréquemment à des repas d'affaires, ne prenez qu'un minimum à chaque plat des menus qui, trop souvent, sont choisis plus pour le prestige que pour leur valeur diététique.
— Si vous êtes maîtresse de maison, prévoyez spé-

cialement ce jour-là des menus bien équilibrés et simples.

— Eventuellement, approvisionnez-vous aujourd'hui à un magasin de produits diététiques.

— Pourquoi n'essayeriez-vous pas les produits «naturels», une viande «biologique» provenant d'animaux qui n'ont pas eu une nourriture artificielle?

— Si vous disposez de peu de temps pour vos repas, en particulier si votre déjeuner est «pris en sandwich» entre des occupations professionnelles, mangez moins à ce moment-là ; ce qui importe, en effet, ce n'est pas la quantité de nourriture qu'on absorbe ni le nombre de calories qu'elle renferme, mais la manière dont elle est assimilée et, d'abord mastiquée. Vous éviterez ainsi des crampes d'estomac et vous serez plus efficace dans le travail qui suivra.

Troisième jour : un régime de vie plus décontracté

Nous vous suggérons quelques idées en vue d'améliorer votre mode de vie et d'être plus décontracté.

● Peut-être pourriez-vous gagner **des moments de détente ou de sommeil supplémentaires**? Notamment

— en éliminant certains spectacles qui vous obligent à vous coucher tard trop souvent;

— en ne regardant pas certaines émissions de télévision, dont vous pouvez fort bien vous passer : et pourquoi pas une semaine sans télé du soir en particulier, pendant cette période de retraite?

— en remplaçant avantageusement certaines émissions de télévision qui se terminent tard par l'écoute de disques que vous aimez entendre, ou la lecture d'un livre tonique.

● **Vivez plus détendu en choisissant mieux vos loisirs** : éliminez ceux qui ne méritent ce nom que parce qu'ils sont en dehors des heures de travail mais constituent en fait une source d'énervement ou de fatigue supplémentaires. Par exemple, ne serait-ce pas le cas de certains week-ends de ski trop rapprochés, qui peuvent être une cause de fatigue pour vous-même et vos enfants, en dépit du bienfait indéniable d'un bol d'air pur ?

● **Sus aux divertissements qui ne sont pas de vraies détentes** : ils énervent, ébranlent même la santé, et laissent finalement une impression de vide déprimant. Paradoxalement, sous prétexte de vous détendre vous ne faites, en définitive, que vous fatiguer.

● Peut-être pourriez-vous **éviter de rencontrer certaines personnes énervées ou très tendues?** L'énervement est en effet communicatif : il se produit alors un phénomène psycho-neurologique très semblable à celui de la résonance en physique, où deux vibrations se mettent à l'unisson.

● Le soir, **passez en revue les circonstances qui ont perturbé votre calme** dans la journée et qui risquent de se reproduire fréquemment à l'avenir : n'y aurait-il pas moyen de les éviter? Sinon, inscrivez-les sur la liste des principales «situations sources d'énervement» à vous remémorer chaque matin, lors du tour d'horizon matinal que nous vous avons proposé parmi les «exercices» du chapitre précédent (voir page 83).

Quatrième jour : organisez mieux votre travail

Que d'énervements résultent, en effet, d'une mauvaise organisation du travail !

● Une tâche à la fois

A chaque instant suffit sa peine, si vous voulez que le travail soit bien fait. Vous avez sans doute observé l'écoulement des grains de sable dans un sablier : ils passent l'un après l'autre par l'étranglement du milieu. Organisez donc votre travail selon ce modèle : en l'occurence, une tâche après l'autre. Surtout si votre journée s'annonce très chargée !

S'il est, certes, possible de mener de front plusieurs activités, c'est à la condition de passer de l'une à l'autre. Il est impossible d'avoir simultanément deux occupations sérieuses, sous peine de sacrifier l'une à l'autre. Dès lors, si vous n'abordez pas séparément les différentes tâches ou les problèmes multiples qui vous assaillent et si vous voulez vous occuper de tout à la fois, vous ne ferez rien de bon et vous finirez par ruiner votre équilibre nerveux et votre santé.

Pour vous rappeler cette règle fondamentale d'efficacité dans le travail, vous pourriez mettre un sablier-bibelot sur votre bureau : il agirait à la manière d'une «piqûre de rappel» quand vous aurez l'impression d'être écartelé entre plusieurs affaires à traiter simultanément.

Cela n'implique pas pour autant qu'il ne faut pas profiter des idées surgissant d'une manière inattendue à propos d'une question qui devait être normalement abordée plus tard. C'est souvent, en effet, quand nous n'examinons pas directement un problème que nous entrevoyons comme des éclairs qui l'illuminent : nous y pensons en fait, sans en avoir conscience.

Pour profiter de cette élaboration intellectuelle, que nous qualifierons volontiers de «marginale» parce qu'elle se développe en marge du sujet auquel on fait attention, nous vous conseillons d'avoir toujours sur votre table de travail une feuille de papier où vous pourrez noter ces idées imprévues. Vous serez alors surpris de trouver parfois sur cette feuille l'entrevue qui va suivre, déjà préparée à votre insu, ou le plan d'une lettre que vous savez difficile à rédiger... Ainsi, vous pourrez effectivement mener sérieusement plusieurs tâches à la fois, tout en vous consacrant à une seule.

● **Priorité à l'urgent**

Abordez d'abord les questions les plus urgentes : quand elles seront réglées, vous pourrez examiner les autres, plus détendu que si vous aviez suivi l'ordre inverse. En commençant par des tâches plus faciles peut-être, mais moins urgentes, la pensée du problème que vous devez régler impérativement aujourd'hui vous aurait rendu crispé, nerveux, surtout si des difficultés imprévues avaient surgi quand vous vous occupiez des premières.

● **De l'ordre dans vos papiers!**

L'ordre dans vos affaires ou dans vos dossiers est condition de calme et de détente dans le travail. Un meuble à casiers multiples, par exemple, où vous rangeriez tous les soirs les papiers concernant les diverses affaires que vous aurez à traiter le lendemain, vous permettrait d'avoir directement sous la main l'ensemble d'un dossier, au moment où vous devez l'examiner sérieusement. Cela vous éviterait de perdre votre temps à chercher dans l'agitation une pièce qui manque... et éliminerait bien des occasions d'énervement.

● **De l'organisation dans les conférences de travail**
Vous pouvez éviter en ce domaine bien des palabres
inutiles et augmenter l'efficacité de votre service.
Vous rentabiliserez ce travail en équipe, notamment si vous demandez à vos collègues de présenter
leurs interventions sous la forme de réponses aux
quatre questions suivantes (qui sont en fait un
résumé du questionnaire indiqué plus haut pour
clarifier vos difficultés) :
— quel est le problème ? En quoi consiste exactement la difficulté ? Où se manifeste-t-elle ?
— quelles en sont les causes certaines ou probables ?
— quelles sont les solutions possibles, avec leurs
conséquences respectives ?
— laquelle convient-il de choisir selon vous ?

Cinquième jour : abordez de front vos problèmes les plus urgents

Quels sont ces problèmes de première urgence ?
Pour les préciser et y trouver des solutions, appli-
quez-leur le questionnaire indiqué à la page 54. Ne
laissez pas passer ce jour sans qu'au moins un de vos
problèmes importants n'ait été sinon résolu, en tout
cas abordé de front et examiné sous tous ses angles.
De toute façon, l'application du questionnaire à vos
situations personnelles les clarifiera et vous permettra sans doute d'apercevoir des issues auxquelles
vous ne pensiez pas auparavant : même si vous ne
prenez pas votre décision aujourd'hui, cet examen
systématique vous achemine sûrement vers une
solution, qui ne surgira peut-être que dans quelques
jours, mais dont les conditions de découverte sont
d'ores et déjà bien préparées.

Sixième jour : regardez-vous vivre

Pendant ce sixième jour, dédoublez-vous en quelque sorte en deux personnages : d'une part, vous-même qui vaquez à vos occupations habituelles, comme si de rien n'était et, d'autre part, un extra-terrestre d'une planète lointaine qui vous observerait à des milliards de kilomètres et serait donc capable de vous situer dans le mouvement global de l'univers qu'il contemple. Cette fiction vous permettra de prendre un peu de recul par rapport à vos ennuis.

Quand on examine une vie humaine en la situant dans l'univers prodigieusement vaste et lointain, en songeant notamment que l'étoile la plus proche de nous, en dehors du Soleil, Proxima du Centaure, est à plus de quatre années-lumière (autrement dit, sa lumière met près de quatre ans et demi pour nous parvenir à la vitesse de trois cent mille kilomètres à la seconde !), quand on sait que notre Soleil n'éclairera plus au maximum dans six milliards d'années, quand on pense plus simplement que nous n'existions pas il y a seulement quelques décennies, alors que les étoiles brillaient depuis des milliards d'années, et que les galaxies continueront à entraîner dans leurs spirales des milliards d'astres quand nous ne serons plus — et ce sera bientôt, même si nous devons mourir centenaire ! —, comment ne se rendrait-on pas compte alors qu'une vie humaine est bien peu de chose, est même rien comparativement à la durée et à l'évolution du cosmos ?

De telles considérations, que vous renouvellerez dans la journée, ne vous gêneront pas pour répondre aux urgences qui exigeront des réactions rapides. Elles vous empêcheront cependant de trop

vous prendre au sérieux et d'attacher une importance exagérée aux égratignures dont souffre votre
amour-propre et qui vous rendent la vie impossible
en vous interdisant une réelle détente. Par ailleurs,
elles rendront plus faciles certains renoncements.
Un fois l'irrémédiable admis comme tel, c'est-à-dire
reconnu comme ce qui ne dépend plus de vous, le
calme profond qui suit cette prise de conscience
lucide vous permettra de chercher efficacement les
moyens d'en éviter les conséquences les plus graves.
Et puis, renoncer à certains projets utopiques, ou
devenus tels, c'est pouvoir discerner d'autres itinéraires peut-être finalement plus avantageux, aux-
quels vous ne pensiez pas tant que vous étiez braqué
sur l'impossible.

Parce qu'elle remet les choses à leur vraie place
en leur donnant leur importance réelle, et parce
qu'elle rend plus faciles certains renoncements qui
nous paralysaient, cette manière de tout considérer
du point de vue d'un extra-terrestre, loin d'être une
entrave à l'action, la rend au contraire plus efficace,
en délivrant de ces petits riens ou de ces crispations
déraisonnables qui nous empêchent de vivre pleinement et d'agir pour de bon. C'est l'un des bienfaits
que peut vous procurer, notamment, l'astronomie.
Si vous n'êtes pas astronome amateur, vous pouvez
prendre un tel recul par la pensée sereine de la mort
en général, qui est l'horizon de tout avenir humain.
Quand nous serons morts, en effet, quelle importance aura tel incident, tel affront, tel échec douloureusement ressenti ?

Vous vous angoissez à l'avance du jugement que
vont probablement porter sur vous des invités, lorsqu'ils s'apercevront que des serviettes ne sont pas
assorties à la nappe ? Considérez ce petit malheur
dans une des deux perspectives que nous venons de

proposer. Vous vous rendrez vite compte qu'il n'y a vraiment pas lieu d'en faire un drame et de gâcher ainsi cette soirée par votre air visiblement contrarié : détendue par cette vision en surplomb de la situation, vous prendrez conscience que c'est en vous rendant très agréable à vos amis que vous ferez aisément pardonner les serviettes dépareillées... Vraiment, ça ne valait pas la peine de se tourmenter pour si peu et de payer tous ces petits incidents de migraines ou de maux d'estomac !

Puissiez-vous ainsi éviter d'être un exemple supplémentaire à l'appui du docteur Montague lorsqu'il affirmait : «L'ulcère d'estomac ne provient pas toujours de ce que la malade a mis dans son estomac, mais bien plutôt de ce qui lui est resté sur l'estomac !»

Considérer dans la perspective de la mort ce qui nous arrive facilite aussi certains renoncements salutaires, exactement comme le point de vue de l'extra-terrestre : la mort ne donne-t-elle pas leur vraie signification à de prétendues réussites qui nous tentent et que nous devrions pourtant payer de troubles graves, de la ruine de notre santé ou d'une vie en définitive aliénée ?

Bien entendu, si l'idée de la mort vous angoisse, tenez-vous-en au point de vue de l'extra-terrestre : quand nous proposons de voir toutes choses dans la perspective de la mort, c'est pour vivre mieux, dégagé de ce qui nous encombre inutilement : dès lors, il est évident qu'il s'agit d'une considération sereine de la mort ; non pas d'une vision de notre mort à proprement parler, mais plutôt de la vie qui continue après nous, sans nous, et de l'image de notre existence que nous renvoie dès maintenant ce miroir d'outre-tombe.

Dans ces conditions, le soir avant de vous coucher, regardez votre vie passée comme si vous étiez à votre dernier jour : cela vous permettra de préciser nettement ce que vous voudriez avant tout avoir fait dans votre existence et, par le fait même, de mieux dégager ce que nous avons appelé antérieurement votre «vouloir, profond» en face de vos problèmes (voir la quatrième question du questionnaire, page 54).

Après cette méditation à la lumière de la mort pour vous préparer une vie meilleure, vous vous endormirez serein, en pensant au jour suivant, que vous êtes bien décidé cette fois à vivre pleinement, d'autant plus que c'est justement le thème de «retraite» qui lui correspond.

Septième jour : un jour pleinement vécu

La veille, en regardant toutes choses du point de vue de l'extra-terrestre ou dans la perspective de la mort, vous avez commencé à vous débarrasser du superflu, de ces crispations d'amour-propre blessé qui gâchent la vie, et vous avez renoncé éventuellement à ce qui ne dépend pas de vous. Vous allez donc pouvoir aujourd'hui vivre pleinement, parce que décontracté, le jour nouveau, qui sera vraiment celui d'une existence nouvelle, au cœur même de vos activités quotidiennes.

Pour être pendant tout ce septième jour libéré du passé, sans vous tourmenter non plus de l'avenir, représentez-vous cette journée comme un intervalle de temps absolument étanche en regard de ce qui vous a précédé et de ce qui suivra. L'étanchéité avec le passé, vous en avez déjà hier réalisé les conditions en traçant un trait sur beaucoup de frustrations de votre amour-propre grâce à la lucidité que donne une vision en surplomb de l'existence. Quant à l'étanchéité avec le futur, quand on le craint, vous l'obtiendrez en vous rendant compte que les projets ou les rêves échouent souvent par suite d'un concours de circonstances imprévisibles : dès lors, à quoi bon s'être tourmenté en pure perte ?

Vous pouvez renforcer votre décision de faire de cette journée un jour étanche, protégé comme par deux lourdes portes blindées du passé et de l'avenir, afin d'en vivre toute la sève, en y pensant dès votre lever ; quand vous êtes, par exemple, dans le cabinet de toilette, voyez dans la porte fermée et les murs qui vous entourent un symbole de cette étanchéité du jour qui se lève.

Vous aspirez au bonheur ? Goûtez donc au moins dès aujourd'hui — c'est vraiment le jour ou jamais ! — une forme de bonheur qui ne dépend que de vous : la décontraction efficace.

Au cas où un événement imprévu et désagréable ou irritant surgirait en cours de journée, décidez dès le matin qu'il ne doit pas ternir la paix de ce jour. Relisez, en cours de journée, les passages de cette première partie que vous avez particulièrement remarqués, récitez-vous les formules stimulantes que vous avez apprises par cœur pour vivre détendu.

Grâce à cette journée, que vous aurez vécue le plus possible dans la décontraction, vous pourrez désormais voir dans chaque jour nouveau une occasion de revivre cette expérience tonique

Pour prolonger sûrement et étendre même les effets de cette semaine de retraite, nous vous engageons à pratiquer la méditation de «transconnexion», qui fait l'objet de la deuxième partie de ce livre.

Vers plus de sérénité

Vivre en union avec le monde

> «Les choses n'attendent qu'un regard pour vous prendre et vous porter.»
>
> Alain

Si l'homme est souvent malheureux, ce n'est pas uniquement parce qu'il place son bonheur dans la réalisation future de projets, ce qui recule sans cesse le moment où il pourra être «heureux». Ce n'est pas non plus toujours parce que ses échecs ou certains handicaps, perçus comme irrémédiables ou définitifs, bouchent son avenir et l'empêchent de prendre conscience que la sérénité est malgré tout encore à sa portée et qu'elle peut lui ouvrir d'autres perspectives pour le futur. Parmi les entraves au bonheur qui pèsent sur un certain nombre de nos contemporains, il en est une qui est d'autant plus nocive qu'habituellement nous ne la saisissons pas nettement, en raison même du cadre technologique de notre vie quotidienne; c'est la perte de relations directes avec la nature qui accentue la solitude et, par suite, la crispation intérieure sur les difficultés personnelles. Dans ces conditions, l'homme se sent inexorablemment seul face au monde qui lui est non seulement extérieur, mais encore étranger. Tel est le mal secret qui ronge beaucoup d'entre nous.

Enfermé dans les structures d'une civilisation technicienne, notre horizon est souvent bouché par les constructions humaines. Nous avons perdu le lien direct avec la nature, qui caractérisait au contraire l'homme des sociétés préindustrielles. Dès lors, si nous n'avons pas la chance de vivre l'expérience d'une amitié fidèle ou d'un amour profond, surtout si nous éprouvons quelque difficulté à communiquer avec nos semblables, nous nous sentons tragiquement seul parmi les autres, face à un monde où nous ne trouvons aucun écho à notre aspiration à vivre en union avec l'environnement par-delà toutes les séparations

Un des secrets du bonheur : avoir une âme de poète

Rêvons un peu à ce que serait notre vie si elle était transfigurée par la certitude que, loin d'être isolés du monde et de son prodigieux dynamisme, nous y participons précisément par notre corps.

D'ailleurs, nous n'avons pas besoin de rêver pour imaginer ce que pourrait être cette vie d'union à laquelle nous aspirons confusément : il suffit de l'observer chez ceux qui ont su préserver ce lien avec la nature, tout particulièrement les artistes et, d'une manière générale, ceux qui ont une âme de poète. L'art, la poésie ne sont-ils pas fondamentalement relation vécue avec le monde? Mais, direz-vous peut-être, votre formation intellectuelle, surtout si elle est de type scientifique, disqualifie à vos yeux toute projection subjective sur les phénomènes matériels environnants et vous interdit de sympathiser avec eux. Cependant, n'est-ce pas ce que vous faites spontanément quand vous vous sentez heureux de vivre et que, par le fait même, tout rayonne autour de vous d'une aura joyeuse? Alors, ne vous surprenez-vous pas à étendre à l'univers votre joie débordante, comme l'exprime si bien la chanson de Trénet qui fut si populaire : « Y a d'la joie ! » ?

Vous êtes encore réticent? Vous voulez, dites-vous, être lucide et non le jouet des élans subjectifs. Rassurez-vous : nous ne vous proposons pas de vous étourdir, fusse pour être heureux, et d'abandonner pour cela toute discipline intellectuelle. Si nous vous invitons à vivre en union avec le monde, ce n'est pas seulement pour satisfaire une aspiration subjective, et peut-être trompeuse par cela même, c'est plus fondamentalement pour vous faire participer par votre corps au dynamisme matériel, si prodigieux dans sa puissance et son immensité.

Telle est la donnée de base qui nous sert de point de départ pour cette nouvelle étape vers une détente tonique : reconnaître ce lien de notre corps avec le monde dont il est issu et où il puise son énergie. Cette relation, qui fait partie intrinsèque de nous-même, nous est tellement habituelle que nous n'y faisons plus attention; nous finissons même par l'oublier dans les cadres d'une civilisation technicienne qui nous coupe du monde, du moins en apparence.

Notre corps communie par essence avec la nature

Alors, adoptons au moins provisoirement cette vision de l'homme en relation avec son environnement matériel comme hypothèse de travail pour enrichir notre existence par une nouvelle manière de vivre les situations de la vie quotidienne. Nous retrouverons ainsi un contact sympathique avec toutes choses : une fois admis que c'est un même dynamisme fondamental — celui de l'univers matériel — qui fuse à travers elles comme dans notre corps, comment ne nous sentirions-nous pas dès lors en relation de profonde communauté de nature avec notre environnement, du moins au niveau de notre corps?

C'est justement ce type de regard sur le monde qui caractérise l'âme poétique. Si vous vous méfiez, à juste titre, des débordements affectifs souvent liés aux créations des poètes, vous pouvez en revanche adopter sans réticence cette nouvelle attitude devant toute réalité. Il s'agit, en effet, non pas d'une projection de votre subjectivité sur les choses ou les êtres, mais d'une présence authentiquement poétique qui, loin de reposer sur des élans de l'affectivité, se fonde sur une prise de conscience lucide : celle de notre lien avec l'univers dans son ensemble par l'intermédiaire de notre corps. Celui-ci ne dépend-il pas, pour subsister, non seulement de l'air ambiant mais aussi des conditions de vie sur terre, de l'équilibre du système solaire et finalement du cosmos tout entier? De plus, notre corps qui est formé d'atomes, comme le monde, participe au dynamisme universel des particules matérielles.

La poésie est fondamentalement rapprochement, communication, union de l'homme et de la nature : en ce sens, la manière d'aller à la rencontre des êtres et des choses est véritablement poétique. A ce titre, elle ne peut qu'enrichir l'existence en la rendant plus belle.

Cultivez donc ce nouveau contact avec les choses, en commençant par celles qui appartiennent à votre environnement habituel : quand vous vous dirigerez vers elles en pensant qu'elles participent au même dynamisme fondamental que votre corps,

elles vous apparaîtront sous un jour nouveau,
comme lavées de leur monotonie ou de leur aspect
terne par ce regard transfigurateur ; de sorte que
même des objets d'une banalité désespérante
rayonneront d'une aura nouvelle, comme les
«natures mortes» peintes par un artiste, à la
manière de la chaise ou des souliers de Van Gogh.

Donner une dimension nouvelle à sa vie

Cette nouvelle attitude en présence du monde qui découle du postulat de notre liaison fondamentale avec lui par l'intermédiaire de notre corps non seulement peut transfigurer notre vie en transfigurant les choses, mais encore lui donne une autre dimension.

Désormais, grâce à cette liaison essentielle, notre regard va au-delà de l'horizon qui borne ordinairement notre vue : toute réalité prend alors une profondeur qui la rattache, de proche en proche, à l'ensemble du monde et à son dynamisme.

Par cette ouverture sur l'infini, l'homme échappe à l'emprisonnement dans le cercle étroit des préoccupations et des soucis : il ne s'évade pas de ses problèmes, mais leur donne une autre dimension, qui lui permet de les aborder avec calme et, par suite, avec plus d'efficacité. Cette attitude produit, en effet, une détente du corps et, par suite, celle de l'esprit : «Quand vous regardez les étoiles ou l'horizon de la mer, écrit Alain, votre œil est tout à fait détendu, la tête est libre, la démarche est plus assurée, tout se détend et s'assouplit jusqu'aux viscères... N'essaie pas de t'assouplir par volonté... Ne pense pas à toi ; regarde au loin... Il faut que la pensée voyage et contemple si l'on veut que le corps soit bien[1].» D'ailleurs Alain, dans le même *Propos*, se rapproche beaucoup de notre hypothèse directrice, quand il affirme : «Il faut que la pensée délivre le corps et le rende à l'univers, qui est notre vraie patrie», et lorsqu'il conclut : «Ta pensée se reposera dans cet univers qui est son domaine et s'accordera avec la vie de ton corps qui est liée aussi à toutes choses.»

Considérer ainsi toute chose sous l'angle de la profondeur qui la relie à l'ensemble du monde et à son dynamisme, c'est donc se mettre dans de bonnes conditions pour s'assurer une vie plus sereine.

Par le contact avec l'univers nous retrouvons notre équilibre

D'autant plus que cet environnement est bien différent de celui que nous percevons habituellement, même à l'horizon : il est totalement en dehors du champ de nos soucis, à tel point que nos préoccupations nous le cachent couramment. Pur jaillissement dynamique qui entraîne le gigantesque mouvement en spirale des galaxies, nous le saisissons d'emblée comme objet de contemplation : il détend, et apaise par conséquent. En reprenant contact avec lui, nous retrouvons donc notre équilibre, puisque le cercle des soucis est rompu un instant au profit d'une contemplation paisible. Tel Antée, ce géant de la mythologie grecque qui reprenait des forces en touchant le sol de sa patrie terrestre, nous avons là une occasion de reprise en main de nous-même pour affronter plus lucidement, parce que apaisé, les problèmes posés par notre environnement immédiat.

Quand on est heureux et qu'on vit des heures bénies, le monde ne nous apparaît-il pas radieux, tout proche de nous, et non plus à distance ou indifférent? Il est alors perçu en liaison profonde avec le rythme de notre joie intérieure et l'allégresse animant notre corps tout entier, qui se sent comme revigoré. On saisit alors clairement dans cette expérience vécue une condition essentielle pour qu'une situation soit source de bonheur, à savoir : que la liaison de l'homme avec le monde par la médiation de son corps soit perçue dans leur communauté de rythme à ce moment-là.

Une fois qu'on a compris que cette condition est, à elle seule, déjà constitutive d'un réel bonheur, on a le moyen d'accéder à celui-ci à coup sûr et, pourrait-on dire, presque de le «produire» à volonté. Il s'agit donc de garder toujours présente à l'esprit notre relation primordiale avec l'univers pour se constituer, quelle que soit la situation présente, un havre de paix qui nous aidera à conserver une tête froide en vue d'agir plus efficacement.

Par cette pensée, et au besoin en la ravivant volontairement, vous vous établirez dans une demeure de sérénité parmi les choses mêmes. Cette attitude est, en effet, très différente de l'évasion que recherchent dans une contemplation esthétique ceux qui tentent de se constituer «une demeure un peu au-dessus des choses», à la manière de «la danseuse montée sur ses pointes» qu'évoque Valéry dans *Degas, danse, dessin.*

Garder le contact avec la réalité présente tout en se situant dans l'univers

Ici vous accédez à une plate-forme de sérénité sans quitter les situations présentes ; vous les dépouillez simplement de leurs significations préoccupantes, voire déprimantes, grâce à la dimension en profondeur que leur donne instantanément une claire vision de votre relation, par le corps, avec un environnement plus lointain qui ne peut vous inspirer que des sentiments toniques, puisqu'il s'agit du monde avec son formidable dynamisme, auquel vous participez.

Se rendre compte de cette dimension exaltante de la condition humaine libère des sentiments négatifs qui constituent les principaux handicaps psychologiques de la vie quotidienne et diminuent les possibilités de réponse efficace aux situations. Sans perdre le contact avec la réalité présente et ses urgences, on s'établit par cette vision lucide à un niveau d'existence d'où l'on contemple le panorama infini du monde, qui apaise et donne du tonus pour affronter les difficultés.

En somme, il s'agit de reconnaître que nous vivons non seulement dans un environnement visible et proche qui est source de préoccupations, mais encore dans un milieu immense qui s'étend jusqu'aux confins de l'univers et dont la présence invisible, mais vivifiante si nous en prenons conscience, se manifeste au plus profond de notre corps.

Habituellement on l'oublie. Mais même si l'on ne considère qu'un environnement proche, nul ne conteste que l'homme habite plusieurs milieux dont il n'a pas toujours conscience également, en raison des soucis du moment :

— Son milieu physique, son entourage humain, la culture de son groupe social façonnent sa personnalité. Son équilibre en dépend.

— La joie de vivre d'un individu n'est-elle pas liée aussi à un horizon favori, soit parce qu'il lui est familier, soit parce qu'il correspond à ses rêves ?

Tel est le milieu au sens psycho-biologique du terme, celui dans lequel on évolue aisément et qui vivifie. Complément de notre être, on n'en prend généralement conscience que lorsqu'on l'a perdu et qu'il nous manque. La terre, par exemple, définit le contour existentiel du paysan.

— La création intellectuelle ou artistique elle-même a besoin d'un cadre qui favorise le travail personnel.

Buffon se met en tenue de cérémonie pour écrire, Balzac s'habille en moine, tandis que Gide souhaite une ambiance austère : «Pas d'œuvres d'art, affirme-t-il, ou très peu et de très graves (pas de Botticelli) : Masaccio, Michel-Ange, *l'École d'Athènes* de Raphaël, mais plutôt quelques portraits ou quelques masques : de Dante, de Pascal, de Leopardi. Pas d'autres livres que des dictionnaires. Rien ne doit distraire ou charmer. Rien ne doit y sauver de l'ennui que le travail[15].»

La rencontre avec un milieu béni

Les descriptions qui ouvrent les romans de Balzac n'expriment-elles pas cette liaison entre le milieu extérieur, où tel personnage agit, et sa vie intérieure? Tel l'horizon baigné d'une luminosité dorée qu'on aperçoit à travers les fenêtres ouvertes dans certaines peintures religieuses flamandes, les paysages dont nous rêvons secrètement parce qu'ils correspondent aux orientations de notre être psycho-biologique éclairent notre vie et ravivent notre énergie dès que nous les rencontrons. Nietzsche découvrant Saint-Moritz écrivait : il «m'est intimement apparenté; nous ne nous étonnons pas l'un l'autre, mais sommes intimement et profondément unis[2]». Ne se réfère-t-il pas à cette expérience radieuse quand il affirme : «Ceci est une loi générale : tout être vivant ne peut être en bonne santé, robuste et fécond qu'à l'intérieur d'un horizon[21]»? Et Jean Grenier lui fait écho dans ses *Inspirations méditerranéennes* : «Il existe pour chaque homme des lieux prédestinés au bonheur, des paysages où il peut s'épanouir et connaître, au-delà du simple plaisir de vivre, une joie qui ressemble à un ravissement[16].»

Un espace béni toujours à notre portée : notre participation au cosmos

On oublie trop qu'en dehors de ces milieux bénis, dont la rencontre le plus souvent ne dépend pas de nous, il y a toujours un espace aussi vaste que l'univers matériel, auquel nous pouvons d'emblée avoir accès dès que nous posons son existence comme au moins possible : celui des relations qui nous lient par notre corps au dynamisme du monde et nous vivifient par cela même.

La reconnaissance de cet espace introduit une profondeur nouvelle en toute situation, même quand celle-ci ferme en apparence notre horizon; corrélativement, il enrichit notre vie d'une dimension de contemplation détendue, à la manière des petits miroirs sur les murs dans les tableaux flamands, où vient se condenser un paysage démesuré.

De même que l'intérieur et les personnages représentés sur ces toiles sont bien réels et attirent l'attention, de même les situations présentes, que nous ne perdons pas de vue en contemplant l'immensité qui les englobe, continuent à solliciter de notre part des réactions appropriées, voire les exigent par leur urgence. Mais grâce à la pensée de notre demeure cosmique, où nous participons au dynamisme même du monde, nous les envisageons avec calme et objectivité, ce qui est une condition pour trouver des solutions ou des parades efficaces.

La transconnexion
Une méthode de méditation pour hommes d'action

«Bien dans sa peau»
parce que
«bien dans le monde»

Prendre conscience de notre liaison primordiale avec le monde et son dynamisme par l'intermédiaire du corps aide efficacement à s'établir dans un calme intérieur vivifiant. Il importe donc de réactiver cette prise de conscience et de la rendre quasi permanente, afin de retrouver à volonté une parfaite égalité d'âme qui permette de mieux réagir aux situations rencontrées.

Dans ce but, nous vous proposons une méthode de méditation, très proche par ses résultats pratiques de celles qui se sont développées en Orient dans le cadre du yoga ou du zen, bien qu'elle en diffère par son esprit, comme nous allons le montrer. Nous l'exposerons à partir de celles-ci pour bien faire saisir ses caractères spécifiques. Elle est conçue tout spécialement pour les hommes de notre temps, qu'ils soient spiritualistes ou matérialistes, croyants ou athées.

Les méthodes de méditation par déconnexion lucide

La méditation pratiquée par les sages orientaux,

quelle qu'en soit la forme, consiste principalement en une déconnexion qui coupe momentanément nos relations avec l'environnement immédiat, ses urgences et les soucis qui en résultent. Ordinairement, on ne peut parvenir à ce résultat, l'absence de perception et l'insensibilité à ce qui se passe à l'entour, que dans le sommeil. Chez le «méditant», il s'agit au contraire d'une déconnexion lucide, qui a lieu à l'état de veille.

Cette rupture avec la situation présente, sans élimination de la conscience, est bénéfique pour l'équilibre personnel du méditant, car elle l'établit dans la sérénité et permet une détente qui a d'heureuses conséquences tant sur le plan psychologique que sur le plan physiologique : toute crispation étant supprimée, on évacue du même coup les tensions organiques qui constituent un terrain favorable aux maladies cardiaques.

Ce repos corporel profond a frappé les médecins qui ont étudié des yogins en méditation : ils ne manifestent aucune réaction si on les soumet à des bruits intenses, un éclairage violent, des trépidations, voire à des épreuves qui devraient être douloureuses, telles que brûlures ou immersion du bras dans l'eau glacée... De semblables observations ont été faites déjà avant la guerre en Inde par Thérèse Brosse à l'aide d'un électrocardiographe portatif. Elles ont été confirmées par des recherches plus récentes utilisant l'électro-encéphalographe : cet instrument enregistreur, qui met en évidence les ondes «alpha» caractéristiques habituellement d'un état de sommeil, détecte leur apparition très rapide chez un méditant, bien qu'il soit éveillé[17].

Se fondant sur ces études, on a même construit aux États-Unis un appareil enregistrant l'activité électrique cérébrale à l'aide de deux électrodes, qui élimine par un jeu de filtres toutes les fréquences supérieures ou inférieures à celles du rythme «alpha». Comme il déclenche un signal sonore chaque fois que celui-ci est atteint, le sujet en liaison avec lui est ainsi informé sur ses rythmes cérébraux. Il peut donc maintenir le plus longtemps possible son rythme «alpha», qui correspond à un état psychologique tranquillisant et euphorisant, fait de sérénité intérieure et de détachement lucide[19].

On peut discuter de la signification réelle de l'«alpha control» que permettrait cet appareil et contester la prétention de «l'electronic yoga» à substituer des procédés techniques psycho-biologiques à la méditation des sages ou à l'oraison des mystiques pour acquérir en quelques heures une égalité d'âme correspondant à des années d'ascèse ou de contemplation[14]. En tout cas, il n'est pas possible de nier les effets bénéfiques d'une déconnexion mentale avec le monde extérieur : elle provoque un ralentissement du métabolisme général et, en particulier, cérébral, qui se manifeste dans une mise au repos des muscles, une réduction de la consommation d'oxygène, une diminution importante du rythme respiratoire, une moindre concentration de lactose dans le sang...

Une méthode de méditation sans évasion du réel

La méditation que nous proposons, sans nous déconnecter par rapport à notre environnement immédiat, aboutit cependant à une détente apaisante semblable, grâce à son ouverture au dynamisme du monde : procédant d'une prise de conscience de notre participation à l'univers par notre corps, elle évacue des problèmes présents sinon leur urgence, du moins leur aspect angoissant et crispant. Par le calme ainsi obtenu, elle prépare une recherche de solutions efficaces. Mieux adaptée aux besoins de l'homme d'action qui veut ne pas perdre le contact avec les situations présentes et leurs problèmes, cette méthode mérite d'être appelée, par différence avec la déconnexion orientale, une méditation de «transconnexion» : en effet, par la pensée de sa liaison primordiale au monde, le sujet qui la pratique va au-delà de ce qui pourrait susciter l'angoisse dans le présent, sans jamais perdre de vue celui-ci ; il reste connecté à l'environnement immédiat, tout en visant le dynamisme universel qui l'englobe.

Il y a alors déconnexion apaisante par rapport à l'univers des soucis, comme dans la méditation orientale, sans qu'il y ait évasion du réel, ne serait-ce qu'un instant ; on se saisit connecté, par le corps, au monde dans son ensemble et à son dynamisme partout présent : il s'agit bien d'une «transconnexion» plus que d'une «déconnexion».

Par différence également avec les méditations orientales, la libération intérieure n'est pas obtenue ici par un vide psychologique, c'est-à-dire par l'absence de pensée active, au terme d'une concentration sur un objet ou une formule répétée indéfiniment. Nous ne proposons pas de faire le vide en soi pour évacuer les soucis, mais au contraire de saisir dans notre être ce qu'on pourrait appeler le «plein» maximal, celui du monde pensé dans son ensemble, plus exactement celui de son formidable dynamisme, ainsi rendu partout manifeste et auquel nous participons. La pensée de sa présence jusque dans notre corps est à la fois tonique et apaisante :

elle met fin à toute crispation motivée par les contrariétés discernées dans ce qui nous entoure et lui substitue une détente bénéfique pour le système nerveux et le rythme cardiaque.

Commencer par prendre conscience de cette connexion avec l'univers

Ainsi une telle méditation aboutit, comme nous l'annoncions, à des résultats très semblables à ceux obtenus par la déconnexion pratiquée en Orient, sans nous couper pour autant du présent. En nous faisant prendre conscience de notre intime relation, par le corps, à l'ensemble de l'univers matériel, cette méditation commence, comme tout exercice spirituel de ce genre, par une concentration mentale : ici, sur l'idée de cette connexion cachée mais primordiale.

Certes, pareille concentration peut être favorisée par une posture corporelle, qui mobilise tout notre être. Mais, alors qu'elle est nécessaire pour parvenir à une déconnexion poussée par ralentissement du métabolisme et du rythme respiratoire, elle n'est pas indispensable pour vivre vraiment la transconnexion. On peut fort bien s'en passer, puisqu'il s'agit moins de se couper de l'environnement que de l'apercevoir transfiguré par la prise de conscience de sa dimension cachée qui le relie en profondeur au cosmos.

Dans ces conditions, une telle méditation, qui est tout entière exercice spirituel, n'exige pas des loisirs consacrés à un entraînement corporel en dehors de l'activité normale : elle peut se pratiquer partout, sans quitter pour autant les tâches urgentes. Puisqu'elle consiste principalement en une certaine manière de vivre, en relation profonde avec le monde, et ne comporte pas une ascèse méthodique, cette méthode est vraiment à la portée des hommes vivant dans les sociétés industrielles, qui souvent n'ont pas le temps de s'astreindre à un entraînement régulier en plus de leurs occupations professionnelles ou familiales.

Accéder à la sérénité en vivant pleinement

Grâce à cette communion, devenue consciente, avec le dynamisme cosmique qui revigore par sa puissance et apaise par son immensité, la transconnexion permet d'aborder résolument les problèmes de la vie quotidienne dans le calme et la sérénité. L'homme qui pratique cette méditation ne rêve pas : il se sent vivre pleinement, parce que totalement présent au monde.

La «transconnexion» ne contribue pas uniquement à l'équilibre personnel : elle est susceptible d'améliorer aussi la qualité des relations humaines. En leur donnant un horizon infini, elle écarte du même coup les vues mesquines, qui manquent fondamentalement de profondeur et perturbent la bonne entente par des perspectives étroitement limitées.

PRATIQUE DE LA TRANSCONNEXION

Pour pratiquer la transconnexion, nous vous conseillons *deux mouvements principaux :* par analogie avec ceux du cœur, le premier visera à une dilatation de la pensée, et le second à sa contraction.

De notre corps aux confins de l'univers

Pensez d'abord à l'ensemble des conditions dans le monde dont dépend votre existence biologique actuelle (il ne s'agit donc pas ici de votre être social, culturel ou spirituel, ni des conditions économiques de votre subsistance) : l'air ambiant, mais aussi tous les éléments chimiques fondamentaux qui entrent dans la composition des substances organiques de votre corps et, de proche en proche, toutes les conditions qui en ont assuré la production non seulement depuis la formation de la Terre, mais encore depuis celle des galaxies...

Songez aussi à cette pyramide de facteurs, d'actions à distance qui conditionnent l'équilibre du système solaire et par suite votre existence : la gravitation universelle lie, en effet, tous les corps dans l'univers, qu'ils soient particules, planètes, étoiles, galaxies (proportionnellement à leur masse et en raison inverse du carré des distances qui les séparent); et elle s'exerce quel que soit l'éloignement, à l'infini.

Il n'est pas nécessaire d'avoir des connaissances scientifiques pour en être convaincu : il suffit de constater que le phénomène des marées est

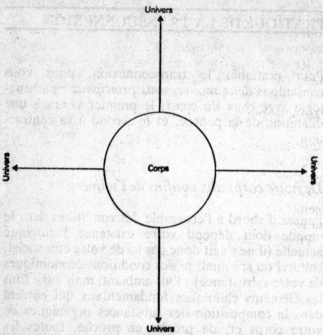

influencé par le mouvement de la Lune et par sa position par rapport au Soleil, pour saisir la force de ces actions à grande distance.

Dans cette perspective, on aboutit à la conclusion que non seulement le système solaire, mais aussi l'équilibre des atomes de notre corps dépendent en définitive de la totalité des corps célestes répartis dans l'univers. Plus généralement, les actions à distance autres que la gravitation, notamment celles exercées par les rayonnements émis par le Soleil et qui jouent un grand rôle dans la photosynthèse des substances indispensables à la vie, sont la toile de fond sur laquelle se dessinent les conditions de notre être biologique.

Au terme de ce premier mouvement de pensée,

où nous remontons indéfiniment la chaîne des conditions de notre existence, nous nous saisissons dépendants de l'univers et corrélativement non isolés dans le monde, mais au contraire profondément liés à lui par notre corps.

De l'univers à notre tonus

Revenez alors, par la pensée, des confins de l'univers à votre corps. Suivez en sens inverse les lignes de force qui vous lient à l'ensemble du cosmos. Pénétrez ainsi jusqu'au cœur de vos cellules en pleine action, effectuant la synthèse des protéines indispensables à votre vie.

Prenez alors conscience, au terme de ce

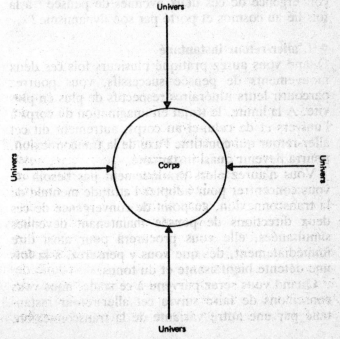

deuxième mouvement de pensée, qui peut être plus bref que le premier, que votre énergie vitale, qui se manifeste notamment dans l'activité de vos cellules innombrables, est une forme particulière de la formidable énergie qui anime l'univers. Autrement dit, vous participez par votre corps à ce puissant dynamisme qui structure le monde tout entier, du mouvement en spirale des galaxies à la genèse des étoiles...

Dans ces conditions, votre corps vous apparaît comme une concentration particulière de l'énergie cosmique. Comment alors ne vous sentiriez-vous pas revigoré, «regonflé à bloc», soulevé d'enthousiasme même et plein d'énergie par la vision tonique de votre situation dans le monde, aperçue à la convergence de ces deux avenues de pensée : à la fois lié au cosmos et porté par son dynamisme?

● **L'aller-retour instantané**
Quand vous aurez pratiqué plusieurs fois ces deux mouvements de pensée successifs, vous pourrez parcourir leurs itinéraires respectifs de plus en plus vite. A la limite, le trajet en imagination du corps à l'univers et de celui-ci au corps, autrement dit cet aller-retour qui constitue l'axe de la tranconnexion, pourra devenir quasi instantané.

Vous n'aurez alors pratiquement pas besoin de vous concentrer pour adopter l'attitude mentale de la transconnexion, au point de convergence de ces deux directions de pensée maintenant devenues simultanées, elle vous procurera pour ainsi dire immédiatement, dès que vous y penserez, à la fois une détente bienfaisante et du tonus.

Quand vous serez parvenu à ce stade, nous vous conseillons de faire suivre cet aller-retour instantané par une autre variante de la transconnexion, où vous vous plongerez dans l'allégresse cosmique.

● **La plongée dans l'allégresse cosmique**
Pour accroître encore les effets stimulants que peut avoir la pensée d'une participation par notre corps au dynamisme cosmique, représentez-vous le formidable dynamisme qui anime tous les êtres dans l'univers, notamment la formation des étoiles et des galaxies comprenant des milliards de soleils. Pensez, par exemple, à la galaxie Andromède dont la spirale est si belle, comme en témoignent les photographies qui ont été prises dans des observatoires : quelle activité! Les mots sont impuissants pour traduire ce dynamisme vraiment prodigieux. Parce que cette activité est spontanée, on peut même parler d'allégresse.

Sentez donc cette allégresse en vous! Dans vos cellules, puisqu'elles en sont une expression particulière. Pour vous rendre sensible cette présence vivifiante du monde saisi dans son dynamisme, représentez-vous par exemple un rayon de soleil illuminant votre corps et sentez sa chaleur bienfaisante.

Si vous avez l'habitude du training autogène* du docteur Schultz, vous pouvez combiner cette variante de la transconnexion avec l'exercice de concentration sur la «sensation de chaleur» en un point du corps.

● **Un point qui est partout et nulle part**
Quand vous aurez pris l'habitude de pratiquer la transconnexion, vous n'aurez plus besoin d'utiliser des images précises. Il vous suffira alors dans un

---

* Pour ceux qui ignoreraient tout du «training autogène», nous indiquons qu'ils en trouveront un court exposé dans le chapitre ultérieur intitulé «La transconnexion comme méthode thérapeutique».

premier mouvement de viser un point de l'univers quelconque, «qui est partout», dans telle ou telle galaxie et, par suite, «qui n'est nulle part» à proprement parler : il symbolise la profonde unité du monde, qu'il s'agisse de particules atomiques, d'étoiles ou de cellules vivantes.

Dans le *deuxième mouvement* de la transconnexion, vous viserez alors dans votre corps également un «point qui est partout et nulle part», parce qu'il symbolise le dynamisme du monde qui se manifeste dans l'activité de toutes vos cellules. Cette visée d'un point «qui est partout et nulle part» détend par elle-même, alors que la concentration sur un point précis ou sur une image s'accompagnerait d'une certaine tension. Et quand ce point symbolise le formidable dynamisme du monde auquel nous participons, sa visée non seulement détend, mais encore stimule : cette pensée est vivifiante.

Variantes de la transconnexion pour les différents moments de la journée

● **Dès le matin**
Vous pouvez pratiquer la transconnexion avant chaque temps fort de la journée. En particulier, le matin, en faisant votre toilette : vous utiliserez la vision de l'eau qui coule sur votre corps, et achève de le réveiller, comme un rappel de votre relation au monde et de votre immersion, par votre corps, dans le dynamisme général.

● **Piqûres de rappel**
Revivez le plus souvent possible, en tout lieu, en toute circonstance, cette pensée de votre relation

primordiale au monde par l'intermédiaire du corps, jusqu'à ce que cette idée stimulante, qui détend aussi par son caractère contemplatif, devienne quasi permanente et vous accompagne pour ainsi dire constamment.

En particulier, pratiquez la transconnexion quand votre équilibre vient d'être perturbé par une contrariété inattendue, afin de la rétablir au plus vite :
— quand vous êtes surpris par l'événement et l'énervement ;
— quand l'impatience vous gagne : vous êtes pris dans un embouteillage ou un bouchon ; vous piétinez dans une salle d'attente ; vous êtes aux prises avec un «casse-pieds». Pourquoi ne feriez-vous pas comme le personnage central d'un film déjà ancien mais savoureux, qui s'intitule précisément *Les Casse-pieds,* lorsqu'il imagine qu'il part en plongée sous-marine tandis qu'une pécore jase et n'en finit plus de raconter ses histoires sans intérêt ? Profitez-en pour savourer votre relation au dynamisme universel.

● **S'endormir bercé par la musique céleste !**
Quand vous êtes couché, avant de vous endormir, pensez encore à votre liaison au dynamisme du monde, non plus en vous représentant celui-ci sous la forme d'une galaxie en spirale, mais en imaginant la grandiose et douce musique qui résulterait, selon Platon, du mouvement des astres.

Même si cette «musique des sphères célestes» n'est qu'une fiction poétique, qui exprime l'harmonie d'un univers régi par des lois mathématiques comme les accords sonores, elle constitue ici, un excellent moyen pour se détendre et trouver par suite aisément le sommeil.

La transconnexion comme méthode thérapeutique

En raison du calme intérieur procuré par la transconnexion, on conçoit que toute une thérapeutique découle de cette méthode de méditation, tant pour le système neurologique que pour l'équilibre mental. Pourquoi ne pas l'utiliser pour prévenir ou combattre l'hypertension artérielle, les tics nerveux, certains ulcères d'estomac, voire des dermatoses et autres troubles ayant une origine psychosomatique ?

Parmi les méthodes classiques de relaxation, le training autogène

Elle est d'ailleurs d'un emploi plus facile que les méthodes classiques de relaxation, dont la pratique nécessite souvent la direction d'un spécialiste. Ce qui semble le cas, par exemple, du «training autogène» du Dr J. H. Schultz*, cette «méthode de relaxation par autodécontraction concentrative», comme la définit son auteur[26], qui a des applications aussi bien en psychiatrie qu'en thérapie psychologique normale : il s'agit, «grâce à des exercices minutieusement étudiés, de parvenir à la détente et à la plongée intérieures et d'obtenir ainsi par le dedans une déconnexion de tout l'organisme qui permet

---

* Né en 1884, ce neuropsychiatre berlinois, qui fut un des premiers psychanalystes, disciple de Freud à partir de 1911, a inventé par la suite sa propre thérapeutique psychosomatique : il devait l'utiliser aussi bien pour des névroses que pour des troubles physiologiques.

d'accroître les capacités normales et de réduire ou de supprimer les déficiences anormales[26]».

Il est recommandé pour cela d'adopter la position assise : confortablement installé dans un fauteuil à dossier assez haut pour permettre l'appui de la tête et muni d'accoudoirs sur lesquels les avant-bras légèrement fléchis peuvent reposer sans aucune gêne, les pieds rapprochés et les genoux écartés de façon à relâcher complètement les muscles des cuisses, on ferme les yeux et l'on imagine alors que ses membres deviennent, l'un après l'autre, d'abord «lourds comme du plomb», puis «tout chauds», au point de ressentir chaque fois une impression de pesanteur, puis de chaleur. On peut également, dans cette position, se sentir respirer intérieurement jusqu'à être envahi par l'idée : «Tout mon être respire calmement.» On se représente alors que son plexus solaire est «tout chaud», ou encore que son front est «frais» comme si on lui avait mis une compresse d'eau.

Après chacun de ces exercices, qui dure une minute environ, vient une phase de reprise avec flexion et extension du bras, respiration profonde, ouverture des yeux : elle met fin à cette sorte d'auto-hypnose et prépare le retour à la vie normale avec pleine conscience de l'environnement.

Au bout de deux à trois mois d'entraînement à ces divers exercices, on doit parvenir rapidement à une relaxation partielle, celle des épaules et de la nuque, qui entraîne une relaxation généralisée, n'importe où, sans avoir à s'imposer la position assise ou les autres positions classiques du training autogène (position dite «du cocher de fiacre», dans laquelle le sujet est assis à bonne distance du dossier, le corps affalé, son axe restant vertical, le dos rond, la tête tombant en avant, les bras pendant de chaque côté, ou encore position «allongée», avec la nuque soutenue à l'aide d'un petit coussin, les bras reposant en flexion légère le long du corps, les paumes retournées vers le bas, les pointes des pieds étant relâchées en rotation extérieure).

La transconnexion permet une détente à la fois plus rapide et sans doute plus profonde, sans exiger une telle progression d'exercices et en évitant les contractions qui résultent inévitablement de la concentration sur laquelle repose, précisément, le training autogène. En effet, concentration entraîne contraction, s'il est vrai qu'attention égale tension ; à tel point même qu'on a pu prétendre réduire la première aux contractions musculaires qu'elle implique*. Or, dans le training autogène, on est concentré sur son corps, ses muscles, sa respiration, sur soi en définitive : cette contractions initiale est la condition pour obtenir cet état proche de l'auto-hypnose, qui caractérise les exercices correspondants et permet d'aboutir finalement à une décontraction.

Avec la transconnexion, concentration sans contraction

Bien différente à ce point de vue est la transconnexion : nous orientant hors de nous, vers la splendeur du dynamisme cosmique, elle nous libère d'emblée des contractions. Plus que d'une concentration à proprement parler, il s'agit d'une vision, d'une vie en communion avec le tout.

Au lieu de me répéter «mon bras est lourd», ou «je respire calmement», ce qui ne peut se faire sans

---

* Cf. Ribot, par exemple.

une tension quasi permanente, j'ai conscience simplement que tout est dynamiquement radieux jusqu'au plus profond de moi. Avant d'être présent à mon corps, je le suis à l'univers, jusqu'aux confins du monde. Cette vision élargie est le contraire d'une concentration sur soi : contempler un horizon lointain détend immédiatement, sans qu'on ait à rechercher volontairement cette détente par des exercices appropriés.

Sans doute, au début de la transconnexion, faut-il penser au dynamisme matériel et au foisonnement des interactions liant notre corps à l'univers. Mais, on en conviendra aisément, l'attention à cette vision tonique n'engendre pas une tension comparable à celle provoquée dans le training autogène, avant qu'il ne porte ses fruits, par une concentration intérieure sur des formules du type : «mon bras est lourd» ou «mon pied est chaud».

Bien entendu, rien n'empêche d'utiliser en même temps le training autogène, ou toute autre méthode de relaxation, et la transconnexion : dans ce cas, il semble préférable d'obtenir une première détente par la méditation de transconnexion, avant de passer aux autres exercices et de terminer chacun par un bref rappel de la vision correspondant à la transconnexion. Ainsi, progressivement, on finira par intégrer les deux méthodes l'une à l'autre, au point de les pratiquer simultanément pour obtenir une détente généralisée plus rapide.

Un traitement de l'anxiété et de l'état dépressif

La transconnexion est susceptible de remplacer avantageusement, car elle est sans danger, l'usage des tranquillisants et des drogues pour traiter l'anxiété, voire les névroses d'angoisse, certaines phobies et, d'une manière générale, les états dépressifs.

Dans cette perspective nous vous conseillons d'organiser des séances thérapeutiques autour de psychodrames, où les sujets, à tour de rôle ou en groupe, sont invités à jouer des situations symbolisant la transconnexion, pour qu'ils adoptent peu à peu l'attitude correspondante devant leurs propres difficultés. Par exemple, le jeu suivant constitue un exercice thérapeutique qui va dans ce sens.

EXERCICES

● **Le jeu de la chambre noire**
Dans un premier temps, les patients ont à se représenter qu'ils sont dans une chambre noire, où un rayon lumineux pénètre par une petite ouverture.

Dans un deuxième temps, ils localisent dans cette «chambre noire» leurs angoisses respectives et les situations qui les motivent.

Dans un troisième temps, ils regardent le rayon lumineux incident : on leur suggère alors qu'il les relie à l'univers et à son formidable dynamisme qui réchauffe le cœur, ce qui est symbolisé par le paysage inondé de lumière qu'ils aperçoivent par l'ouverture.

Dans un dernier temps, ils s'approchent de l'ouverture et contemplent ce panorama merveilleux.

Comme variante de l'exercice, on peut faire ce psychodrame directement dans une pièce sombre éclairée par une lucarne.

Des sujets ni psychopathes* ni névrosés peuvent d'ailleurs tirer profit de cette thérapeutique : elle leur inculquera que partout ils peuvent, en revivant cette situation symbolique de la boîte noire, contempler le formidable dynamisme cosmique, même quand leur horizon est limité par un environnement immédiat sans intérêt, voire manifestement laid ou même hostile, qui est symbolisé ici précisément par la boîte noire. Ainsi pratiqué par des sujets «normaux», cet exercice s'ajoute alors à ceux qui leur ont été indiqués plus haut, à la fin des chapitres précédents.

● **Dessins thérapeutiques**

Toujours pour provoquer la prise de conscience du lien fondamental avec le monde, on proposera à des sujets, pris individuellement ou en groupe, de dessiner d'abord l'environnement immédiat qui est pour eux cause de soucis, plus précisément les situations qui sont à l'origine de leurs préoccupations ou de leur angoisse.

Cette première phase de l'exercice amène les sujets à jouer avec leurs difficultés et, par suite, à les apprivoiser en quelque sorte, en les mettant un peu à distance d'eux-mêmes grâce à une représentation extérieure.

Ensuite — ce peut être quelques jours plus tard —, on leur demande de reprendre leurs dessins et d'y ajouter autour un environnement cosmique radieux : le soleil, quelques étoiles, une spirale de nébuleuse...

Enfin, on leur suggère de se représenter eux-

---

* Les «psychopathes» souffrent de psychoses ayant une origine principalement physiologique, tandis qu'un névrosé est sous l'emprise d'un trouble ayant une cause psychologique, qui peut être, par exemple, un souvenir traumatisant.

mêmes reliés, par leur corps, au dynamisme animant les astres et l'ensemble du monde matériel, qui leur communique sa chaleur et une énergie nouvelle.

Pour que cet exercice ait vraiment valeur thérapeutique, il faut orienter les sujets vers la pensée de leur liaison, par le corps, avec la formidable énergie qui anime l'univers tout entier. Il ne doit y avoir en aucun cas déviation vers l'idée, pouvant devenir hallucinatoire, d'une liaison avec des êtres vivant dans quelque planète éloignée ou, plus généralement, avec des «extra-terrestres». Si des dessins révélaient une telle interprétation, il conviendrait d'arrêter immédiatement l'exercice pour l'auteur de ces graphiques, sous peine de développer en lui des hallucinations semblables à celles décrites au début du siècle par Flournoy, dans son livre, *Des Indes à la planète Mars* (1900).

Ultérieurement, ils reprendront cette série de représentations graphiques pour leur donner une suite, sous la forme de dessins évoquant des attitudes positives face aux situations qui étaient jusque-là sources d'angoisses. On pourra y adjoindre des images exprimant les solutions concrètes imaginées par les sujets qui ont réussi, par ces exercices, à transformer leurs angoisses en «problèmes».

Bien entendu, dès qu'un sujet aura retrouvé un peu de tonus et de détente, avec la certitude qu'il peut désormais «changer la vapeur» dans sa manière de vivre, on pourra compléter cette thérapie par les méthodes de décontraction décrites précédemment.

Un grand pas est fait vers le calme intérieur chaque fois qu'un sujet se rend compte qu'il dépend de lui d'y accéder; quelles que soient les situations environnantes, celles-ci ne sauraient l'empêcher de revivre sa tonique insertion dans le dynamisme cosmique. Dès lors, les difficultés vécues avec angoisse peuvent être envisagées avec un minimum de recul, sous forme de «problèmes» dont une solution est concevable au terme d'investigations méthodiques. Et là, où il y a «problème» posé nettement, les névroses s'estompent. En ce sens, les méthodes que nous avons décrites pour accéder à la détente intérieure, ou du moins à un début de décontraction dans le cas de sujets gravement perturbés par une dépression, peuvent contribuer efficacement à venir à bout d'une névrose.

Comme le calme retrouvé par la répétition de ces exercices finit, à la longue, par avoir un effet sédatif qui retentit sur l'équilibre du système neurologique tout entier, pareilles méthodes constituent une thérapeutique applicable aussi au traitement des psychoses* elles-mêmes.

Une planche de salut pour les drogués

La transconnexion peut être appliquée également au traitement des drogués et des mythomanes qui se créent un univers imaginaire de vie, sorte de paradis artificiel, pour oublier ou compenser une réalité quotidienne trop terne ou hostile. Les exercices précédemment décrits seraient pour eux l'occasion de prendre conscience que l'autre monde merveilleux, qu'ils essaient d'atteindre par la drogue ou dans lequel ils s'imaginent vivre s'ils sont mythomanes, peut être avantageusement abandonné au

---

* Nous rappelons qu'une «psychose» est un trouble mental qui a une origine principalement physiologique.

profit d'un univers radieux, et bien réel cette fois.

Un drogué ne se caractérise-t-il pas par le désir de retrouver l'état de bien-être procuré par une certaine substance, qu'il s'agisse du chanvre indien, de l'opium, de l'héroïne, du L.S.D., de tranquillisants, voire de boissons alcoolisées ? C'est justement ce désir qui l'assujettit à sa drogue. Et d'autant plus que celle-ci devient moins efficace au fur et à mesure qu'on en use et qu'il faut, en conséquence, augmenter les doses et les rapprocher, afin de ne pas éprouver un douloureux état de manque.

Or, la transconnexion aboutit à un sentiment de détente profonde et de vitalité : elle peut donc constituer un puissant antidote pour combattre l'assujettissement à une drogue, puisqu'elle procure justement ce qu'on demande habituellement à celle-ci, et sans effet secondaire dépressif.

Même utilisée comme opium pour psychopathes légers, qui grâce à elle se sentiraient bien dans ce monde et finalement bien dans leur peau, la transconnexion est sans danger. On ne peut en dire autant non seulement des drogues classiques, mais aussi malheureusement de beaucoup d'autres utilisées en psychiatrie.

Puisse la transconnexion contribuer, avec d'autres méthodes, à l'avènement d'une psychothérapie opérant sans armes à double tranchant, c'est-à-dire qui ne se croit pas obligée pour être efficace d'avoir recours nécessairement à l'arsenal de la psychopharmacologie, aux traitements de choc ou aux interprétations psychanalytiques systématiques !

Exercices spirituels

Pour hommes et femmes de notre temps, quelles que soient leurs options, athées ou croyants

De même que la première partie de ce livre vous a proposé une semaine de retraite à l'insu de tous pour rééquilibrer votre régime de vie, de même cet itinéraire vers la sérénité par la transconnexion s'achève par une invitation à mieux vivre pendant un mois en communion avec le dynamisme cosmique. Durant toute cette période, vous pratiquerez la transconnexion en y ajoutant, chaque semaine, une lecture attentive de textes relatifs à cette méthode de méditation.

Ces textes ont été rédigés à votre intention, pour vous aider à fonder votre calme intérieur sur une claire vision de notre relation primordiale au dynamisme cosmique : ils tiennent compte de vos orientations et de vos centres d'intérêt personnels, selon que vous êtes littéraire ou scientifique, attiré par une vision orientale des choses ou, au contraire, réticent à l'égard d'un certain engouement actuel pour tout ce qui vient de l'Orient...

La méditation de ces textes constitue pour les hommes et femmes de notre époque, athées ou croyants, un ensemble d'exercices spirituels au sens classique du terme, c'est-à-dire une réflexion qui alimente la vie spirituelle. Quelles que soient vos options philosophiques ou religieuses, que vous soyez matérialiste ou spirtualiste, vous pouvez admettre, en effet, le fondement de la transconnexion, à savoir qu'en dépit des apparences

> notre corps n'est pas radicalement
> séparé du monde

PREMIÈRE SEMAINE

Bas les masques occidentaux, qui vous cachent notre relation primordiale au monde!

Lisez et relisez le texte suivant. Réfléchissez-y et méditez-le très souvent au cours de cette semaine.

L'Occident industriel vit séparé du monde, à l'inverse de l'Orient traditionnel

L'Occidental étudie les phénomènes principalement pour les utiliser et les mettre à son service, tandis qu'en Orient le cosmos est traditionnellement objet de contemplation. Pour l'homme des sociétés industrielles, il ne s'agit pas de contempler le monde, ni même en priorité de l'interpréter, mais de le transformer, selon la célèbre formule de Karl Marx.

Dans ces conditions, la matière est visée comme «taillable à volonté», ainsi que le dit Bergson dans *l'Évolution créatrice*. L'intelligence tournée vers la fabrication est, en effet, caractérisée «par la puissance indéfinie de décomposer selon n'importe quelle loi et de recomposer en n'importe quel système[4]».

Elle engendre donc tout naturellement, quand elle est prédominante, une certaine attitude face à la matière, devenue habituelle en Occident : «Elle veut, poursuit Bergson, que nous considérions toute forme actuelle des choses, même naturelles, comme artificielle et provisoire, que notre esprit efface de l'objet perçu, fût-il organisé et vivant, les lignes qui en marquent au-dehors la structure interne, afin que nous tenions sa matière pour indifférente à sa forme. L'ensemble de la matière devra donc apparaître à notre pensée comme une immense étoffe où nous pourrons tailler ce que nous voudrons, pour le recoudre comme il nous plaira[4]. »

Cette divergence d'attitudes face au monde, qui sépare l'Occident de l'Orient, se manifeste jusque dans l'art. La dislocation des formes ne caractérise-t-elle pas la peinture occidentale moderne ? Mais déjà, à l'époque classique, la perspective traduisait la volonté de reconstruire le visible dans un cadre limité, celui du tableau en l'occurrence. Au contraire, l'absence de toute préoccupation semblable est le propre des peintres orientaux, notamment en Chine et au Japon : leur activité picturale exprime la présence du Tout dans la moindre réalité ; l'horizon représenté est sans limite précise, et les personnages sont tout petits par rapport au paysage immense qui les englobe. (Si vous avez un recueil de reproductions de peintures orientales, mettez-le sur votre bureau. Détendez-vous en contemplant de temps en temps ces œuvres et, à travers elles, le dynamisme cosmique qui vous enveloppe et vous vivifie en définitive. *A fortiori*, si vous avez une belle reproduction d'une estampe japonaise, voire si vous avez acquis un tableau oriental, contemplez-le souvent, particulièrement pendant cette semaine.)

Dans la mesure où la maîtrise technique est conçue comme impliquant le non-respect de la nature puisqu'elle la transforme, on comprend que l'efficacité ait été recherchée en Occident au détriment du sentiment poétique.

Une autre ligne de rupture avec la contemplation poétique dans les sociétés occidentales a ses origines dans les circonstances qui ont marqué l'avènement de la pensée scientifique : son essor ayant été entravé initialement par les conceptions animistes qui attribuaient quelque psychisme à la matière, elle s'est affirmée en rejetant catégoriquement toute interprétation de ce type. Pour elle, il n'y a que des phénomènes spatio-temporels directement observables ou, du moins, repérables dans leurs manifestations indirectes ; et nous ne saurions sympathiser avec ce monde sans âme. Or la poésie est fondamentalement communion de l'homme avec son environnement ; par suite, elle semble se déployer à la faveur d'une certaine projection du psychisme sur la matière. «Objets inanimés, avez-vous donc une âme...?» tel est le postulat, exprimé ou implicite, sous-jacent aux relations poétiques avec la nature ; et il en éloigne justement les esprits formés aux disciplines scientifiques.

La méditation pratiquée en Orient conduit à une communication avec le monde saisi dans son unité. Certes, elle n'est pas une projection de l'affectivité sur l'environnement : le sage, qu'il soit bouddhiste, taoïste ou adepte du Zen, ne commence-t-il pas par faire en lui-même le vide, en éloignant tout désir et toute préoccupation individuelle, pour communiquer avec le principe qui fait l'unité du monde et auquel il participe dans la profondeur de son être intérieur ? Si, en ce sens, le mouvement de la méditation orientale est inverse de celui d'une simple vision poétique, il s'agit toujours cependant d'une communication avec le monde reposant sur quelque identité essentielle entre l'homme et ce dernier.

Dès lors, dans la mesure où pareille méditation paraît impliquer que tout est de même nature que le psychisme, ou du moins conduire à une semblable perspective (bien qu'elle invite en fait à dépasser le dualisme classique des concepts «esprit» et «matière»), elle éloigne d'elle tous ceux qui craignent en Occident que l'intérêt actuel pour les sagesses orientales n'entraîne quelque retour à un panpsychisme*, voire à l'animisme, ou du moins l'abandon de la rationalité scientifique.

En fait, il est difficile de préciser la pensée des maîtres de la méditation orientale sur ce point; et cela d'autant plus qu'elle se situe expressément au-delà de tout concept. On ne peut la caractériser par un seul terme : animisme ou panpsychisme. Souvent, en effet, ceux-ci doivent se nuancer en vitalisme, voire en énergétisme, dans la mesure où certains yogis visent à capter l'énergie cosmique, sans prétendre d'ailleurs éclairer sa nature. En tout cas, l'anti-intellectualisme qui imprègne beaucoup de textes décrivant les étapes de l'illumination, but suprême de la méditation orientale, en écarte bon nombre de scientifiques.

Dans ces conditions, la pensée occidentale se heurte aujourd'hui aux questions suivantes :

— Peut-on à la fois pratiquer les méthodes scientifiques, comme le chercheur dans son laboratoire ou l'ingénieur, et communier avec le monde saisi dans son unité, comme le sage en Orient?

— Est-il possible pour l'Occidental de vivre en pleine harmonie avec son environnement sans renoncer pour autant au projet de dominer la nature en la transformant?

* *Panpsychisme :* tout est de nature psychique.
Animisme : tout a une âme.

— Connaissance scientifique, approche poétique du monde et contemplation sont-elles susceptibles de coexister vraiment sans se nuire l'une à l'autre?

Un des textes, qui seront proposés à votre méditation pendant la troisième semaine, offre une réponse affirmative à ces questions.

DEUXIÈME SEMAINE

Renforcez vos motivations pour pratiquer la transconnexion.

Le mode de vie occidental, surtout dans les cités industrielles, n'incite guère à communier avec la nature, encore moins avec le cosmos. Dès lors, il est nécessaire, si vous voulez pratiquer assidûment la transconnexion, de renforcer votre désir d'une communion au dynamisme du monde, notamment en vous représentant les effets bénéfiques qu'aura pour votre épanouissement cette attitude.

Pour cela, nous vous invitons à lire et relire les textes suivants: réfléchissez et méditez à partir d'eux.

Finie la solitude pour celui qui vit en communion avec le monde! Et tout devient poétique pour lui!

L'être humain est intégré, par son corps, au dynamisme universel qui l'englobe et dont il est issu. Habituellement, ce lien fondamental est masqué par la présence d'un environnement immédiat qui limite notre horizon par les projets qu'il suscite ou les soucis qu'il motive. Les préoccupations de la vie

quotidienne cachent à l'homme la présence poétique du monde au plus intime de son être corporel et
son ancrage dans le cosmos.

Leur prise de conscience ne peut que modifier
profondément la manière dont vous vous percevez
vous-même : cette unité avec le monde, retrouvée
grâce à une pratique de la transconnexion, dissipe
les impressions déprimantes d'isolement ou de solitude face à l'univers. Elle donne, avec un horizon
infini, un sens nouveau, plus riche, à une vie qui
risquait d'être totalement accaparée par ce qui est
proche, mais qui ne correspond pas toujours à nos
aspirations.

N'aurions-nous pas alors le sentiment de vivre
vraiment mieux, d'une manière tonique, parce que
en harmonie et en union avec le cosmos et son
dynamisme, auquel nous participons par notre
corps ? Le monde ne nous paraîtrait plus comme
une froide réalité indifférente : il serait désormais
pour nous une présence, toute proche, et vivifiante,
au plus intime de notre être.

Si nous prenions conscience de la proximité en
nous du cosmos et de son dynamisme, ne nous
sentirions-nous pas très proches, sans distance
aucune à la limite, en tout cas nullement éloignés,
au sens fort du terme, du monde qui nous entoure ?
Nous serions même bien près de vivre des relations
«fraternelles», suivant l'intuition géniale des
Fioretti*, non seulement avec l'environnement
immédiat, l'eau, les divers éléments, voire le soleil
qui nous éclaire et nous réchauffe, mais encore avec
l'univers tout entier.

Quiconque aurait effectué en lui cette conver-

---

* *Fioretti di San Francesco* («les Petites Fleurs de saint François»), trad.
(fin du XIVe) d'un écrit latin franciscain sur la vie de Saint François
d'Assise.

sion, aussi bien dans sa vision du monde que dans sa manière de vivre, ne serait pas effrayé par les espaces infinis, puisqu'il les percevrait comme ayant un écho tonique au plus profond de lui. Celui qui a conscience d'être en relation primordiale avec le tout ne se sent pas étranger dans le monde : l'univers lui est proche d'une manière globale, même si son environnement immédiat déçoit son attente. En ce sens, l'ouverture à la présence englobante du cosmos aide à échapper à la solitude dans le champ des galaxies comme à l'ennui d'un horizon devenu habituel.

L'homme mis en face des systèmes physiques étudiés par la science en arrive à les juger absurdes en dépit de leur rationalité parce qu'il se sent radicalement séparé de ces mondes froids. En revanche, dès que le cosmos est reconnu présent jusqu'au plus profond de nous, il n'est plus possible de penser l'homme et l'univers «arc-boutés l'un contre l'autre sans pouvoir s'embrasser», selon la formule de Camus. Dès qu'on se reconnaît ainsi lié profondément au dynamisme cosmique, comment ne vivrait-on pas joyeusement avec lui son jaillissement, pusqu'on n'en est pas vraiment séparé ? La question du sens ou du non-sens dernier de l'existence devient alors comme secondaire : le doute paralysant qu'elle susciterait, si le monde était pensé comme radicalement autre que nous, s'estompe devant la certitude exaltante de ne faire qu'un avec le tout et sa formidable expansion, même si nous ne saisissons pas clairement vers quoi il tend, même si nous ignorons s'il a une signification profonde.

Réconcilié avec le monde retrouvé au cœur même de son être, alors que pareille étreinte est, sinon impossible, du moins difficile à imaginer tant qu'il se conçoit séparé du cosmos, l'homme vivrait une existence poétique, au sens fort du terme, s'il est vrai que la poésie est communion, unité de l'homme et des rythmes qui l'englobent.

Une telle communication profonde entre notre être et le monde n'est-elle pas suggérée d'ailleurs par l'expérience esthétique? Nous en avons le pressentiment très net dans l'audition musicale : la participation au rythme établit entre l'homme et l'instrument une unité vraiment ressentie, qui est comme le signe sensible de leur liaison fondamentale.

Les poètes annoncent aussi cette communion lorsqu'ils nous invitent à dépasser une plate vision utilitaire pour retrouver l'existence dans la fraîcheur et la richesse de son jaillissement. Distrait par les soucis quotidiens, l'homme vit la plupart du temps dans le monde comme s'il y était absent : il n'en soupçonne pas la présence jusqu'au plus profond de son être. Il transforme les choses, mais se sent isolé dans l'univers. «La vraie vie est absente... Nous ne sommes pas au monde», s'écrie Rimbaud. La réflexion, en découvrant notre liaison fondamentale avec le monde, doit permettre à l'homme de vivre sa vraie vie, en communion avec le cosmos, et de réaliser concrètement dans son existence la formule de Hölderlin : «C'est en poète que l'homme habite cette terre*.»

Tant que cet idéal était le propre des artistes, il pouvait sembler suspect à un esprit formé aux disciplines scientifiques. En effet, le panpsychisme est une tendance inhérente à l'art : c'est en projetant son intériorité sur les choses ayant un retentissement en lui que le poète se sent tout proche d'elles. Au contraire, la reconnaissance d'une intime rela-

* Hölderlin (Friedrich), poète allemand (1770-1843).

tion entre l'homme et le monde, que nous vous proposons ici, procède d'une réflexion sur les échanges et interactions physiques qui conditionnent notre existence corporelle : elle rend donc possible la conversion des scientifiques à un style d'existence pleinement intégré dans l'univers. (C'est ainsi qu'on appelle parfois en Orient ceux qui sont parvenus à l'illumination, stade suprême de la méditation).

La reconnaissance d'une liaison profonde entre l'homme et le cosmos permet de dépasser la plate vision d'un monde distant dans les deux sens du terme : à distance et gardant ses distances. Elle rend possible une existence plus riche, une vie de communion où l'on retrouve en toute chose la présence universelle du dynamisme cosmique.

La transconnexion est adaptée aux modes de vie occidentaux

Ce n'est certainement pas dans une contemplation de type oriental que l'homme d'action moderne cherche habituellement son équilibre. Même s'il reconnaît et envie secrètement la paix intérieure que procure au yogi les postures de recueillement, de telles méthodes lui paraissent souvent impraticables, en raison notamment de ses multiples activités et du manque de temps qui en découle : les techniques de la méditation orientale ne sont guère conciliables avec les exigences d'une société industrielle. L'exemple de Japonais qui ont réussi cette conciliation est difficilement transposable en Occident, où les traditions sont différentes.

Sans doute la voie de la transconnexion, à la fois parce qu'elle est moins astreignante et qu'elle n'implique pas la moindre évasion par rapport aux tâches présentes, devrait permettre une présence active, mais calme, au monde et aux projets qu'il motive, sans être tout entier accaparé par ses soucis.

Nouveaux «libérés vivants» dans les sociétés industrielles, ceux qui pratiquent la transconnexion donneraient à leur vie une autre dimension que celle d'une recherche effrénée du rendement ou de l'efficacité immédiate.

D'autant plus que certains textes de la troisième semaine d'exercices spirituels et d'autres de la quatrième leur permettront de développer davantage cette réflexion : elle les aidera à adopter l'attitude de la transconnexion et à vivre dans sa plénitude la poésie naturelle sans rien abdiquer de leurs principes méthodologiques.

Si vous êtes intéressé par les cultures orientales et le dialogue des civilisations, le texte suivant vous suggérera de nouvelles motivations pour pratiquer la transconnexion.

La transconnexion, pont entre l'Orient et l'Occident

A la convergence des cultures occidentale et orientale, la transconnexion, qui repose sur notre participation au dynamisme cosmique et qui est confirmée par des études scientifiques sur les interactions entre le corps et son environnement proche et lointain (cf. les textes de la troisième semaine d'exercices spirituels), ne constitue-t-elle pas un moyen pour une meilleure compréhension entre l'Orient et l'Occident, en vue d'une coopération pacifique assurant à la fois la maîtrise de la matière et un plein épanouissement humain ?

De même qu'elle devrait permettre aux Occidentaux épris d'efficacité de redécouvrir des relations poétiques avec le monde, la transconnexion n'est-elle pas susceptible d'apparaître aux scientifiques orientaux comme un itinéraire pour être fidèles au nouvel esprit qui les anime sans renier pour autant leur orientation ancestrale vers une communion avec le Tout ?

TROISIÈME SEMAINE

Renforcez en vous la pensée de votre relation primordiale au monde.

Si vous êtes scientifique, nous vous invitons particulièrement à lire attentivement le texte qui suit. Si vous ne l'êtes pas, ce texte vous paraîtra sans doute plus difficile que ceux des semaines précédentes. Pour vous en faciliter la lecture, nous l'avons fait précéder d'un résumé plus simple.

Résumé du texte « A l'Occident du monde »

La science contemporaine, non seulement met en évidence les relations écologiques du corps humain et de son environnement, mais encore renforce l'idée d'un univers profondément unifié parce que structuré par des interactions, c'est-à-dire des actions réciproques entre corps, à tous ses niveaux : de l'atome, système de particules en interaction, aux galaxies groupant des milliards de soleils également en interaction.

La science classique reposait essentiellement sur des actions causales à sens unique d'un corps sur un autre, à la manière des roues d'un engrenage où chacune agit sur la suivante par contact direct ; les actions à distance étaient conçues comme résultant en fait d'actions par contact.

Dans la mesure, au contraire, où la moindre particule matérielle interagit non seulement avec celles qui passent à proximité, mais encore avec toutes les autres, si éloignées soient-elles, comme le postulent certaines théories récentes, l'univers apparaît profondément unifié par ce réseau d'interactions qui le structurent. Dès lors, dans cette perspective, notre corps qui interagit avec le monde, est relié à l'ensemble du cosmos par cette pyramide d'interactions.

A l'Occident du monde
(ou la Vision scientifique du monde)

La science contemporaine souligne l'importance des échanges entre le corps et son environnement. L'écologie, qui les étudie plus spécialement, existe depuis plus d'un siècle, puisque c'est l'Allemand Haeckel qui l'a créée et lui a même donné son nom en 1869. Et cependant il a fallu attendre que ces relations soient gravement perturbées par la pollution industrielle pour que le grand public en soit informé, à tel point que tout le monde parle d'écologie depuis quelques années.

La science contemporaine met en évidence notre liaison vitale non seulement avec un environnement proche, mais aussi avec l'univers qui nous englobe. D'une part, elle révèle que la biogenèse, c'est-à-dire la formation progressive des structures vivantes, est dans le prolongement de la cosmogenèse, c'est-à-dire la formation des astres et des mondes. D'autre part, dans la mesure où l'univers renferme l'ensemble des conditions qui assurent la stabilité de notre monde et, par suite, rendent possible en dernière analyse notre existence même, c'est tout le dynamisme du cosmos qui manifeste sa présence au plus intime de notre être corporel, puisque l'équilibre de nos cellules en dépend.

Bien plus, la science contemporaine s'oriente de plus en plus vers une conception de l'univers qui en souligne l'extraordinaire unité. En ce sens, elle retrouve, avec la notion grecque du «cosmos» unifié, la vision orientale d'un monde où tout communique.

Corrélativement, elle s'éloigne des représentations classiques, auxquelles nous a habitué l'enseignement scientifique traditionnel, et qui reposent sur l'image de corps radicalement séparés les uns des autres, agissant dès lors principalement par contact direct.

Les représentations mécanistes du monde ont dominé la pensée scientifique, depuis Descartes jusqu'à une époque récente. Elles nous ont habitué à concevoir la matière comme foncièrement inerte et dispersée dans l'espace : les phénomènes de tous ordres résultaient alors, en dernière analyse, de chocs entre corps qui, en dehors de leurs contacts éventuels, n'ont aucun autre lien possible, les actions à distance se ramenant en définitive à des actions par contact, de proche en proche, dans un milieu de propagation.

Comme cette notion d'un univers matériel éclaté,

c'est-à-dire formé d'éléments à distance les uns des autres, sans unité profonde, s'est formée en Occident et qu'elle y est devenue prépondérante, nous l'appellerions volontiers «la face occidentale du monde», par opposition à une vision de son unité foncière, qui est très développée en Orient et peut être dès lors considérée comme «la face orientale du monde».

Or, de nos jours, les deux perspectives, tout en restant différentes dans leurs visées respectives, puisque l'une est axée sur l'analyse en éléments tandis que l'autre s'installe d'emblée dans l'unité, semblent se rapprocher, par suite d'une profonde transformation dans l'approche scientifique de la matière depuis quelques décennies.

Alors que la science classique étudiait surtout les relations de cause à effet, la science contemporaine recherche systématiquement les interactions, c'est-à-dire les actions réciproques. A tel point qu'aujourd'hui la matière apparaît, dans cette perspective, structurée par des interactions.

Quatre interactions principales paraissent suffire actuellement pour rendre compte des différentes échelles de phénomènes.

● D'abord, dans le domaine de l'infiniment grand, les systèmes solaires, les galaxies, l'univers tout entier sont régis par l'**interaction de gravitation**. Celle-ci, selon la loi de Newton, est inversement proportionnelle au carré de la distance des corps qui s'attirent aussi en fonction de leurs masses.

● Contrairement à cette interaction qui a lieu à toute distance, si grande soit-elle, bien qu'elle soit alors peu intense, l'**interaction électromagnétique** ne se produit qu'à une distance assez courte, entre corps électrisés : s'ils sont chargés d'électricité de même signe, ils se repoussent, tandis qu'ils s'attirent s'il s'agit de charges de signes opposés. Cette interaction est également inversement proportionnelle au carré des distances, selon la loi de Coulomb.

Elle se produit partout où des charges électriques sont à proximité les unes des autres, à l'échelle macroscopique comme dans le domaine atomique. C'est sur elle que reposent les équilibres de la chimie physique et ceux des structures atomiques. Les atomes comprennent, en effet, un noyau central chargé d'électricité positive, entouré d'électrons porteurs chacun d'une charge négative : ainsi normalement les charges positives et les charges négatives s'équilibrent au sein de l'atome.

Électrons et noyaux s'attirent nécessairement puisqu'ils sont chargés d'électricité de signes contraires, mais en même temps cette attraction est exactement compensée par les forces centrifuges qui résultent de la rotation des électrons autour des noyaux, de sorte qu'ils en restent éloignés d'une manière stable, en dépit de leurs attractions réciproques.

Unifiant les structures atomiques, l'interaction électromagnétique conditionne par conséquent les réactions chimiques qui résultent d'échanges d'électrons entre atomes et cimente donc l'existence des divers corps dans l'univers.

● Si l'interaction électromagnétique est une composante essentielle des édifices atomiques, elle ne peut cependant éclairer à elle seule l'équilibre des noyaux atomiques eux-mêmes. En effet, ceux-ci étant formés de «protons», chargés d'électricité positive et de «neutrons», neutres au point de vue électrique comme l'indique leur nom, l'interaction électromagnétique de répulsion entre protons devrait disloquer les noyaux si elle était seule à s'exercer à ce niveau. Pour expliquer leur stabilité, il faut donc compenser, voire supplanter les répulsions entre protons par des forces de cohésion : tel est le rôle de l'**interaction nucléaire.** On l'appelle aussi «interaction forte» en raison de l'intensité des forces qu'elle met en jeu. La bombe atomique repose sur la libération de ces dernières.

A l'échelle atomique, les rencontres entre particules ne sont plus des chocs à proprement parler, mais de nouvelles interactions : il n'y a pas alors un simple changement de leurs trajectoires, voire la fragmentation des corps en présence ; il se produit surtout une transformation dans leur nature, avec échanges énergétiques. Et c'est précisément ce qu'exprime le terme d'interaction.

En particulier, quand se rencontrent deux antiparticules, c'est-à-dire des particules ayant notamment leurs charges électriques et des moments magnétiques opposés ainsi que d'autres caractéristiques opposées deux à deux, elles s'annihilent complètement et leur énergie est libérée sous forme de rayonnements.

Les échanges énergétiques qui caractérisent les interactions atomiques ont conduit à concevoir celles-ci sous la forme du passage incessant de particules du champ correspondant entre les particules qui interagissent : tout se passe comme si elles échangeaient ces particules du champ qui caractérise leur interaction. Par exemple, l'interaction électromagnétique s'effectuerait, selon la théorie quantique des champs, avec échange de photons entre les deux charges électriques en présence.

● Non seulement la physique quantique postule l'existence de particules échangées ainsi au cours des diverses interactions fondamentales, mais encore elle aboutit à cette conclusion théorique étonnante : même une particule supposée isolée du reste de l'univers échangerait avec elle-même des photons qu'elle émettrait et réabsorberait constamment ; autrement dit, elle interagirait avec elle-même !

Et il ne s'agit pas là uniquement de considérations théoriques, car certaines conséquences qu'on en tire ont reçu une confirmation expérimentale dans des résultats de mesure.

Ainsi la physique nucléaire, après avoir étudié les interactions de particules, aboutit à une conception de la particule élémentaire selon laquelle celle-ci serait essentiellement interaction, puisque interagissant primordialement avec elle-même.

N'est-ce pas d'ailleurs ce que semble confirmer la mise en évidence expérimentale de groupes de particules en interaction, qui ont les caractéristiques d'une particule unique et qu'on a appelées pour cela résonances ?

En passant ainsi des interactions de particules au concept de la **particule-interaction**, la science contemporaine tend à assimiler les notions de matière et d'interaction : partout où il y a matière, il semble y avoir interaction.

Nous voilà bien loin, et même à l'opposé des représentations mécanistes qui ont dominé la physique jusqu'à une époque récente et selon lesquelles tout phénomène devait se ramener, en définitive, à des chocs entre corpuscules en mouvement mais foncièrement inertes en eux-mêmes. La matière considérée comme interaction fondamentale est, au contraire, essentiellement dynamisme.

Cette vision dynamique de la réalité matérielle est renforcée par une autre orientation de la science contemporaine : n'a-t-elle pas mis en évidence aussi des réseaux de communication au sein de la matière ? En particulier, on démontre dans le cadre de la mécanique quantique que si deux systèmes physiques ont interagi une seule fois, ils ne peuvent plus être considérés à partir de ce moment comme isolés l'un de l'autre : ils ne forment plus qu'un seul système en quelque sorte. Plus généralement d'ailleurs, dans la mesure où les interactions qui se produisent dans le monde physique sont conçues comme des échanges de particules du champ correspondant, elles sont assimilées à des modes de communication.

Cette vision du monde est renforcée par les cosmologies récentes, comme celle proposée en 1964 par Hoyle et Narlikar*, qui remettent en honneur un principe énoncé dès le XIXe siècle par le physicien autrichien Ernst Mach**, selon lequel l'inertie d'un corps ne lui appartiendrait pas en propre, mais dépendrait de la distribution de toutes les autres masses dans l'univers : d'après Hoyle et Narlikar, la gravitation est une expression de la masse totale de la matière, la masse de chaque corps étant affectée par son interaction avec tous les autres. Dans ces perspectives théoriques, le moindre grain de matière se trouve lié à l'ensemble coexistant et l'univers devient un vaste système d'interactions où tout communique en définitive.

En ce sens, n'y aurait-il pas actuellement dans la

---

* Hoyle : astronome anglais, il est aussi l'auteur de romans de science-fiction. Narlikar : mathématicien indien.
** Mach est bien connu aujourd'hui par le «nombre de Mach» utilisé en aérodynamique pour exprimer le rapport de la vitesse d'un fluide à la vitesse locale du son, en particulier dans les avions supersoniques.

science révélant les aspects mesurables du monde,
que nous avons appelés «la face occidentale du
monde», comme un pressentiment de sa «face
orientale», c'est-à-dire de son unité primordiale?

QUATRIÈME SEMAINE

**Renforcez encore l'idée de votre relation au monde,
en mettant en question votre conception de la
matière.**

*Si nous avons tendance à nous penser séparés du
monde, surtout lorsqu'il est loin de nous, comme le
sont les corps célestes situés à des distances fantasti-
ques de la Terre, c'est principalement parce que nous
avons l'habitude de concevoir comme radicalement
«séparés» les corps qui sont à distance les uns des
autres. Nous sommes tellement accoutumés à cette
représentation de la matière dispersée dans l'espace,
sans communication aucune entre les segments dès
qu'un intervalle vide les sépare, qu'elle nous semble
non seulement valable, mais encore la seule possible.*

*Si nous voulons vaincre les freins intellectuels qui
gênent la pleine reconnaissance de notre relation primordiale au monde, et corrélativement renforcer en
nous la présence de cette pensée, il convient notamment d'affaiblir l'évidence de cette conception classique de la matière, en examinant d'autres représentations possibles. Si nous les considérons objectivement, en dépit de toutes nos préventions, elles nous
paraîtraient peut-être plausibles.*

*C'est pourquoi nous vous invitons, cette semaine,
à réfléchir à l'antithèse de la conception classique de
la matière, à savoir : «Tout communique dans le*

monde, même les corps à distance les uns des autres, car la matière, si elle est dispersée, n'est pas foncièrement multiple et reste une en dépit de ses divisions. »

Comme il ne s'agit que d'une hypothèse, il n'est, bien entendu, pas nécessaire de l'admettre pour pratiquer la transconnexion. Ce texte doit être simplement pour vous une occasion d'entrevoir que notre conception de la matière n'est pas la seule possible et que sa prétendue évidence ne résulte peut-être que de l'habitude de penser ainsi. D'autant plus d'ailleurs qu'elle comporte des lacunes, comme nous le soulignons dans le texte : ne serait-ce que ses difficultés à rendre compte des actions à distance, qu'il s'agisse de la gravitation ou des actions électromagnétiques entre corps électrisés.

Dès lors, si l'on reconnaît que l'hypothèse d'une communication entre tous les corps, formés de la même matière, ne doit pas être rejetée à priori, puisqu'elle n'est pas absurde, à plus forte raison on n'éprouvera aucune gêne à mettre au centre de sa pensée le lien entre l'homme et l'ensemble du cosmos qui est indéniable, mais qu'on a trop tendance à oublier.

Tout communique
(bien que tout n'agisse pas sur tout)

S'il semble bien établi aujourd'hui que là où il y a matière il y a interaction, dans la mesure également où toute interaction (cf. texte de la «troisième semaine d'exercices spirituels») met en jeu des échanges, la communication apparaît comme une caractéristique essentielle de la matière. Ainsi la science contemporaine suggère-t-elle une nouvelle manière d'envisager cette matière : non plus uniquement sous l'angle de son inertie ou de ses divisions spatiales, mais aussi sous celui de ses réseaux de communication, voire comme communication intrinsèque.

Voilà qui nous éloigne assurément des perspectives auxquelles nous a habitués l'enseignement scientifique traditionnel. La science, sous sa forme classique, postule au fond que les corps distants les uns des autres sont vraiment séparés, c'est-à-dire isolés les uns des autres : ils ne peuvent être liés que par un intermédiaire, ou plusieurs, venant s'intercaler entre eux.

On comprend dans ces conditions qu'on ait éprouvé tant de difficultés à admettre des actions à distance. Et quand il a bien fallu les reconnaître, ne les a-t-on pas conçues encore sous la forme d'actions par intermédiaires, réductibles en dernière analyse à des actions par contact, voire à de simples chocs qui sont les processus mécaniques les plus élémentaires ?

On sait que Newton a dû prendre quelques précautions, en exposant la théorie de la gravitation universelle, pour éviter les objections de ceux qui risquaient d'assimiler à quelque qualité occulte préscientifique l'action à distance qu'elle impliquait. Il avait imaginé l'hypothèse d'un éther, sorte de milieu matériel véhiculant l'attraction. Dans la perspective héritée de la physique cartésienne, en effet, il ne saurait y avoir d'action à distance véritable : toute action ne s'exerce que par contact direct ou par des intermédiaires pouvant être soit d'autres corps, soit un milieu matériel, soit même, comme on le concevra ultérieurement, un champ de forces.

En dépit de ses transformations profondes depuis le XVIIe siècle, la science est restée fidèle à cette conception. Il s'agit toujours pour elle de construire un modèle de la configuration spatiale du phénomène étudié, c'est-à-dire un graphique représentant les forces en présence et les intermédiaires par lesquels elles agissent.

Même aujourd'hui, les interactions atomiques ne sont-elles pas interprétées par des diagrammes qui mettent en évidence les intermédiaires permettant les échanges énergétiques entre les particules qui interagissent? Dans la logique de ces représentations théoriques, l'interaction de gravitation, considérée habituellement comme l'action à distance par excellence, est interprétée selon ces schémas : elle aurait lieu par l'intermédiaire d'une particule échangée par les corps qui s'attirent, qui serait le graviton.

La récente théorie de l'information, qui réduit celle-ci au message, n'est-elle pas également centrée sur les intermédiaires, en l'occurence ceux par lesquels s'établit une communication? En dépit de sa nouveauté, elle s'inscrit donc encore dans la ligne de la physique classique, qui est fondamentalement une science des intermédiaires.

Mais, si ce cadre théorique général est utile pour décrire comment s'effectue une interaction ou un échange d'informations et préciser les moyens sur lesquels on peut agir pour maîtriser interactions ou informations, il ne permet pas de comprendre pourquoi, en définitive, l'action «passe» entre corps radicalement séparés.

A quoi sert-il d'interposer, entre les corps qui interagissent, des intermédiaires échangés, si ces derniers sont eux-mêmes séparés et, par conséquent, radicalement isolés des premiers? On ne comprend pas comment une action pourrait avoir lieu entre corps et intermédiaires foncièrement séparés les uns des autres.

En effet, deux corps ne peuvent interagir, c'est-à-dire réagir l'un à l'autre et exercer une action l'un sur l'autre, qu'à la condition primordiale qu'ils ne soient pas radicalement isolés l'un de l'autre, et, par suite, qu'ils communiquent vraiment.

Cela implique non seulement quelque intermédiaire établissant une liaison spatiale de contact efficace dans l'intervalle qui les sépare, mais aussi quelque écho en chacun de la coexistence de l'autre, car on ne comprend pas comment des secteurs matériels intrinsèquement isolés les uns des autres pourraient communiquer éventuellement grâce à des intermédiaires qui en seraient eux-mêmes isolés par nature.

La communication par intermédiaires n'est compréhensible que s'il y a une communication *a priori* en quelque sorte, qui lie déjà les divers termes de la communication physique, avant même qu'elle soit établie. Entre les corps radicalement séparés, il ne saurait y avoir qu'une simple juxtaposition spatiale, capable tout au plus d'en modifier la position dans l'espace, mais les laissant indifférents les uns aux autres. Une communication physique ne peut être effective qu'à la condition d'être précédée par une communication primordiale entre les termes connectés, qui la rend possible.

La communication par l'intermédiaire de messagers, qu'étudie la théorie de l'information, n'est en fait qu'une conséquence; elle n'est pas première: elle repose sur une communication fondamentale directe, sans intermédiaire, entre les termes extrêmes et les intermédiaires, qui leur est inhérente. Il ne peut y avoir de messager que s'il communique déjà par nature avec les termes qu'il relie; sinon il les laisse indifférents l'un à l'autre.

En ce sens, si l'on veut vraiment connaître la matière avec ses caractéristiques essentielles et non seulement les circuits de communication qu'on y repère, ne convient-il pas de dépasser la théorie de l'information qui réduit la communication aux messages ?

La réduction d'une communication aux seuls messages échangés est certes possible, et féconde, pour un ingénieur des télécommunications, un physicien ou un biologiste qui veut savoir comment s'opèrent les communications détectées dans la matière, autrement dit par quels intermédiaires elles s'effectuent, et qui cherche à déchiffrer à l'aide d'un modèle d'interprétation ce qu'on pourrait appeler leur tableau de bord pour agir efficacement sur elles. Mais il ne faut pas oublier que cette réduction est une coupe partielle pratiquée sur la réalité de la communication. Elle n'en est qu'une vue tronquée. Par conséquent, elle ne saurait satisfaire une connaissance de la communication qui vise à la saisir dans son intégralité.

A plus forte raison, quand on l'applique aux phénomènes d'interaction, elle ne permet pas d'aboutir à une conception vraiment adéquate de la matière, bien qu'elle en donne une représentation efficace à ceux qui se proposent de calculer les forces d'interaction pour les maîtriser : dans cette perspective axée sur le repérage des messagers agents d'une interaction, on oublie que des corps ne peuvent agir l'un sur l'autre qu'à la condition primordiale qu'il n'y ait pas de coupure entre eux, ce qui implique qu'ils doivent déjà communiquer par nature, directement, antérieurement à leur mise en relation par quelque intermédiaire qui transforme cette communication en une action réciproque.

Cette mise en question de la science des intermédiaires n'invite-t-elle pas à un renversement des idées sur la matière, quand on l'envisage ainsi sous l'angle de ses interactions? En effet, dans la mesure où celles-ci peuvent être considérées comme des communications par les échanges qu'elles mettent en jeu, s'il est vrai qu'une communication physique implique, comme condition même d'existence, une communication primordiale entre les corps qui échangent des messages, la matière apparaît comme essentielle unité en dépit de ses divisions spatiales : ses secteurs communiqueraient, au fond, réellement quel que soit leur éloignement.

Dès lors, cette communication intrinsèque ainsi reconnue à la matière en assurerait la cohésion profonde, par-delà ses divisions apparentes. Dans ces conditions, la matière serait ce qui est susceptible de se diviser sans se séparer vraiment en secteurs radicalement étrangers les uns des autres et totalement isolés les uns des autres.

On ne pourrait donc plus continuer à le concevoir uniquement selon l'image antique d'une pure multiplicité, qui a été léguée à la science moderne par l'intermédiaire de la physique géométrique de Descartes. A l'espace des contacts ou des éloignements, qui est fondamentalement celui de sa pulvérisation, il convient peut-être de lui adjoindre un espace de communication, qui est celui de sa profonde unité. Autrement dit, la matière ne serait pas définie tout entière par les seules dimensions que lui reconnaît la science : elle aurait aussi une dimension cachée, non mesurable celle-là, par laquelle des corps, même éloignés, communiqueraient directement par nature. Ainsi l'univers, même quand on l'envisage divisé en systèmes partiels, retrouve sa cohésion par cette liaison fondamentale inhérente à la matière, qui est le ciment de son unité.

Cela ne veut pas dire d'ailleurs que tout agit sur tout dans le monde. On ne peut croire, en effet, comme le soulignait Diderot que «la ruade d'un cheval dans la campagne française dérange le vol d'un papillon dans les îles de la Sonde[10]» ou encore, suivant la remarque de Poincaré, que la couleur d'un précipité qui se forme à Paris varie suivant qu'il pleut ou non au Cap ou bien selon que Sirius se réchauffe ou se refroidit, ce qui rendrait impossible l'existence même de la chimie. Si rien n'est isolé, à cause de la liaison matérielle primordiale, chaque corps réagit néanmoins en priorité à son environnement proche. Car il n'y a d'action physique que par contact direct ou indirectement établi par des intermédiaires : il faut bien distinguer, en effet, la liaison primordiale, qui relie directement chaque grain de matière au tout, et les actions qu'il peut exercer ou les influences qu'il subit qui, elles, sont tributaires de son environnement spatial.

Celles-ci, s'exerçant toujours dans l'espace par des intermédiaires, sont limitées par les possibilités de déplacement de ces derniers qui sont entravés par l'encombrement spatial environnant. Elles restent donc enfermées dans un horizon relativement proche en général.

En somme, il faut distinguer, d'une part les communications spatiales établies par des intermédiaires physiques — ce sont notamment les diverses interactions étudiées par les sciences —, et, d'autre part, une communication directe, immédiate, qui serait inhérente à tout secteur matériel qu'elle mettrait en relation avec les autres : condition primordiale des communications repérables dans le monde par les études scientifiques, elle ne peut être que conclue, et non pas observée, à proprement parler.

A la suite de ce texte, nous vous en proposons un autre, où cette communication universelle, qui est le thème central du précédent, est précisée : elle y est distinguée d'interprétations auxquelles peut faire penser cette idée.

Comment penser la communication universelle ?

Quand la science élabore une théorie des interactions, elle décrit les processus de l'action réciproque, sans éclairer l'existence même de celle-ci. Cette action est pour elle une constatation sans contestation possible ; à tel point qu'on ne se rend pas compte que son existence fait tout de même problème.

C'est pourquoi on se contente habituellement de formuler ainsi les phénomènes d'interaction : «des corps agissent les uns sur les autres». Le fait qui est exprimé de cette manière s'impose avec une telle force qu'il paraît écarter l'idée qu'on puisse le transcrire autrement.

Nous avons proposé de remettre en question la façon dont on énonce l'interaction quand on dit simplement : «Les corps (qu'elle met en jeu) agissent les uns sur les autres», comme s'ils étaient radicalement extérieurs les uns aux autres. Si une telle action réciproque a lieu, n'est-ce pas parce que, plus fondamentalement, ces corps communiquent par nature, antérieurement à leur liaison établie par les intermédiaires échangés, du seul fait qu'ils sont matériels ?

En avançant cette hypothèse, qui rejoint certaines intuitions orientales, il n'est pas dans nos intentions de réhabiliter de vieilles doctrines ani-

mistes, comme celle développée par Campanella*
dans un ouvrage où il était question de magie et de
«sensibilité des choses» : nous ne soutiendrons pas,
comme lui, que les choses «sentent» à proprement
parler! Nous rejetons également, en raison de leur
ambiguïté, certaines affirmations semblables de
Bacon, qui est pourtant un des codificateurs de la
méthode expérimentale, comme par exemple «un
corps perçoit le choc d'un autre corps auquel il
cède[3]».

Il convient cependant de reconnaître que, même
dans ces formules ambiguës, Bacon ne donne pas
vraiment son adhésion à la doctrine du «sentiment
des choses». N'ajoute-t-il pas, en effet : «ceux qui
se sont attachés à cette idée ont été plus loin qu'il
n'était juste, et ont attribué le sentiment (la
conscience) à tous les corps... Ils auraient dû étu-
dier la différence de la perception et du sentiment,
et cela non seulement en comparant les êtres sensi-
bles aux êtres insensibles [...] mais encore en
recherchant, dans le corps sensible lui-même,
comment il se fait que tant d'actions s'accomplissent
en l'absence de tout sentiment (conscience)[3]».
Quand Bacon distingue ainsi nettement le «sentiment» (ou conscience) et la «perception» (qui peut
être inconsciente), il est plus proche de notre
hypothèse d'une liaison intrinsèque primordiale.
Son langage reste toutefois inadéquat, en raison de
son ambiguïté.

Dire que les «corps» qui interagissent sont liés
primordialement, avant même que l'interaction ne se
produise grâce aux intermédiaires échangés qui
comblent leur distance spatiale, n'implique pas

* Campanella (1568-1639) : dominicain italien; philosophe, il fut
inquiété par l'Inquisition pour ses idées révolutionnaires. Auteur de *De
sensu rerum et magia*

qu'on leur attribue une sensibilité à proprement parler, encore moins une conscience même très confuse, dans la mesure où l'on a pris soin de préciser que «en relation primordiale» est ici strictement équivalent à «qui communiquent réellement, et pas seulement en apparence», ou encore à «qui ne sont pas absolument séparés, mêmes s'ils paraissent éloignés et liés uniquement par des intermédiaires».

Ce qui, dans les conceptions de l'Orient, nous paraît se rapprocher de l'hypothèse d'une communication universelle, c'est l'idée de l'unité du Tout qui est fortement affirmée et non pas l'interprétation animiste ou panpsychiste qu'en ont donnée certaines doctrines orientales. Ces conceptions animistes se retrouvent d'ailleurs jusque dans la pensée grecque, quand est adjointe au concept de «cosmos» la notion d'une «âme du monde» : n'y a-t-il pas là, dans la philosophie grecque, une influence de l'Orient qui, elle, devait entraver l'essor du rationalisme en Occident?

Dire que toute interaction implique une dimension cachée de communication, c'est dépasser le plan des phénomènes. En ce sens, une telle notion appartient au domaine d'une philosophie de la nature. Mais il s'agit d'une philosophie de la nature en rase-mottes en quelque sorte : son ambition n'est pas de dévoiler ce qu'est la matière en définitive; elle se contente d'affirmer que les actions réciproques entre corps matériels reposent sur leur liaison primordiale, qui en est la condition même d'existence.

Cette philosophie de la nature, modeste dans ses visées si on la compare à d'autres qui prétendent dire ce qu'est essentiellement le monde, aboutit à une remise en question radicale des conceptions habituelles de la matière, considérée ordinairement comme pure multiplicité dispersée dans l'espace, dont les divers secteurs sont fondamentalement extérieurs les uns aux autres, sans communication réelle autre que le simple contact.

On retrouve cette conception de la matière jusque dans certaines philosophies contemporaines qui pourtant invitent à une remise en question générale des habitudes de pensée. En particulier, la notion de «l'en soi» chez Sartre, qui n'est «ni activité, ni passivité» et n'a aucune relation avec l'extérieur, n'est-elle pas tributaire de cette manière habituelle de penser le monde matériel? Elle est un indice de son emprise même sur des esprits au sens critique très aiguisé. Il n'est donc pas inutile de consacrer une semaine d'exercices à la mettre en question.

Comme ces habitudes de pensée constituent un écran qui nous masque notre relation primordiale au monde, en faire la critique en rendant plausible l'idée que tout communique, c'est rendre plus facile la pratique de la transconnexion.

CINQUIÈME SEMAINE

Pour le meilleur et pour le pire

Pour mieux vivre à l'avenir, et notamment pour savoir réagir aux coups durs s'il en survient, lisez et relisez, cette semaine, le texte suivant, afin de vous le mettre bien en mémoire.

Transconnexion et engagement personnel

La transconnexion est un ressourcement toujours disponible, quand tout par ailleurs semble vaciller.

Si vous êtes croyant, quand l'espérance s'estompe devant un mal injustifiable ; si vous êtes athée, quand vous doutez de l'homme ; quel que soit votre engagement ou vos options, quand vous sentez venir le découragement causé par l'incompréhension et l'adversité... souvenez-vous alors que l'univers est toujours là, qui vous enveloppe de son dynamisme inouï. Dès que vous en prenez conscience, cette certitude peut vous réchauffer encore le cœur, même si les convictions qui constituaient l'axe de votre vie semblent réduites à néant.

Pour ceux qui refusent un bonheur à n'importe quel prix, mais qui le cherchent à tout prix, la transconnexion n'est-elle pas un moyen très sûr pour y parvenir, malgré tout ? Si notre environnement physique, comme la société humaine, donne parfois une impression d'écrasement ou du moins d'indifférence glaciale, la matière poétique au contraire, perçue dans son immensité comme unité dynamique, et reconnue présente au plus profond de notre être corporel qu'elle tonifie, est ressentie toute proche : d'emblée nous sommes en relation de sympathie avec elle.

Elle atteste la richesse de signification du monde, suggérée déjà par l'étymologie même du mot «matière» : un rapport très ancien n'existe-t-il pas entre les termes latins *materies* (matière) et *mater* (la mère... de toute chose) ? La parole occidentale ici fait curieusement écho à une vieille tradition de l'Orient rapprochant l'eau, la matière et la maternité, et qui a probablement inspiré Thalès lorsqu'il fit de l'eau la matière universelle originaire.

C'est ce rapport direct avec l'univers matériel, rendu sensible au cœur, que la transconnexion permet de vivre en pleine clarté, parce que justifié rationnellement.

Si une attitude d'opposition reste encore possible vis-à-vis d'une société peu humaine, elle ne peut plus être adoptée en tout cas devant le monde physique dans son ensemble. Une fois reconnue une liaison inhérente à la matière, on se sent lié à l'univers, au sens fort du terme : nous sommes de même nature par notre corps ; il nous a formés et nous nourrit de son dynamisme enveloppant.

Le mythe psychanalytique du retour au sein maternel revêt ici une signification cosmique et devient une réalité. S'il est vrai que l'homme est heureux dans la mesure où cette aspiration est satisfaite, la transconnexion qui rend possible cet accomplissement doit être un moyen très efficace d'épanouissement. Et cela même si nous venions à perdre toutes nos convictions, puisqu'il nous resterait encore la certitude de notre intime union avec l'environnement cosmique. Cette perspective exaltante, qui évite le scepticisme déprimant quand le sens de l'existence est incertain, ne constitue-t-elle pas un fondement très solide pour mieux vivre notre condition personnelle ?

Si la sérénité, par elle-même, ne supprime pas la situation des exploités, comme le feront remarquer les marxistes, elle crée cependant les conditions psychologiques pour aborder efficacement les problèmes de la communauté humaine. Elle n'est pas non plus, en elle-même, le Royaume des Cieux dont il est question dans l'Evangile : un chrétien ne saurait la concevoir comme une fin en soi, sous peine de céder peut-être à la tentation d'un égoïsme subtil ; mais il y verra un moyen de se rendre plus disponible aux autres et peut-être une étape vers l'oraison puisqu'il reconnaît la présence de Dieu dans le monde auquel il se sent profondément lié au cours de cette méditation.

Autrement dit, la transconnexion nous paraît susceptible d'apporter une aide aux hommes vivant dans les sociétés industrielles qui veulent se réaliser selon leurs engagements respectifs, mais aussi à ceux qui, n'adhérant à aucune grande espérance eschatologique, aspirent simplement à mieux vivre.

Quelles que soient leurs convictions, comment les hommes qui pratiqueraient la transconnexion dans les civilisations techniciennes ne reprendraient-ils pas confiance, en dépit de toutes les difficultés, dans leur capacité à faire concourir les progrès scientifiques et technologiques pour un authentique épanouissement humain? Descartes, ce prophète des Temps modernes, puisqu'il invite dans le *Discours de la méthode* à «devenir comme maîtres et possesseurs de la nature» et, pour cela, «à bien conduire sa raison et chercher la vérité dans les sciences», ne souligne-t-il pas aussi dans ses *Lettres à Elisabeth* que la joie est un facteur de réussite?

Dans ces conditions, ne peut-on pas espérer que le sourire des statues hiératiques orientales, exprimant l'union sereine réalisée avec le Tout, illuminera le visage de l'homme occidental, même s'il pense s'être éloigné de toute vision religieuse du monde? Du moins tant que l'ange radieux de Reims ne lui aura pas communiqué le sien, qui annonce, plus que l'harmonie dans sa plénitude, la Résurrection.

Au terme de ces cinq semaines d'exercices spirituels, nous vous engageons, tout en pratiquant la transconnexion:

— à relire l'ensemble du livre, afin d'en tirer encore un plus grand profit;

— à refaire ceux des exercices de la première partie

qui vous ont paru les plus efficaces ou le mieux convenir à votre personnalité ;

— à revivre de temps en temps la semaine de retraite à l'insu de tous, notamment chaque fois que vous éprouverez le besoin d'un nouveau rééquilibrage personnel : la décontraction, à plus forte raison la sérénité, ne sont-elles pas une conquête à renouveler sans cesse ?

Epilogue

Nous intitulons ainsi la conclusion générale de cet ouvrage, précisément parce qu'il s'agit pour vous de lui en donner une par votre vie détendue et efficace.

C'est pourquoi nous terminons ce livre par une formule qu'André Gide souhaitait voir substituée au mot «fin» : «Pourrait être continué».

C'est en effet vous-même, adepte de la transconnexion, qui êtes invité à déployer l'horizon de cette pratique existentielle ; et d'abord concrètement, par la réussite de votre vie, pleinement présente au monde actuel, sans être agressée par lui.

Quelques réflexions à lire et à relire

Dr Wayne W. Dyer : *s'accepter tel qu'on est sans arrière-pensée*

«Se lamenter est inutile et vous empêche de vivre efficacement. Cela encourage l'apitoiement sur soi et bloque toute tentative en vue de donner et de recevoir des marques d'amour. En outre, cela diminue les possibilités d'améliorer les rapports affectifs et de développer les contacts sociaux. Certes, on vous prêtera peut-être attention mais de telle façon que cela jettera une ombre sur votre bonheur.

«Être capable de s'accepter sans se plaindre implique que l'on comprenne à la fois l'amour de soi et le mécanisme de cette insatisfaction, qui sont des termes s'excluant mutuellement. Si vous vous aimez réellement, vous lamenter devant des tiers qui ne peuvent rien pour vous est absurde et indéfendable. Et si vous remarquez chez vous (et chez d'autres) des choses qui vous déplaisent, il est préférable d'agir pour les corriger au lieu de soupirer inutilement.[11]»

Dr Victor Pauchet : *orienter ses efforts*

«Procédez ainsi avec vos propres tendances. Ne cherchez pas à être ce que vous ne pouvez pas être. L'horticulteur ne transformera pas un œillet en une rose ; un éleveur ne transformera pas un chat en lion. Vous-même, ne vous flattez pas de devenir un Napoléon, un Rubens, un Beethoven. Vous avez *votre* personnalité propre, distincte de celle de vos semblables. Elle est aussi intéressante, aussi grande, si vous savez la mettre en valeur. C'est dans le champ de vos propres capacités *potentielles* qu'il faut évoluer. Ce sont *vos* aptitudes innées qu'il faudra mettre en valeur ; ce sont *vos* talents congénitaux qu'il s'agit de développer. C'est *votre* caractère et *votre* personnalité, fruit d'ascendants lointains, que vous allez harmoniser, élargir et mettre en lumière. Vous allez tirer le meilleur parti possible de ces *dons héréditaires et ancestraux*. Être libre et responsable, vous allez devenir vous-même ou plutôt le *meilleur de vous-même*.[22]»

Raymond de Saint-Laurent : *être maître de soi*

«Toutes les fois qu'une émotion intense vous agite, ne parlez pas, n'écrivez pas, ne prenez aucune décision : en un mot, suspendez provisoirement les actes que pourrait influencer malheureusement votre émotion.

«Sachez bien que si vous n'observez pas cette règle, vous ne parviendrez jamais à dominer vos impressions premières; vous resterez par conséquent, sans espoir d'amélioration, le jouet de vos impulsions et de vos caprices.

«Gravez donc cette règle dans votre mémoire. Lisez-la, méditez-la; relisez-la, méditez-la encore jusqu'à ce qu'elle ne s'efface plus de votre intelligence.[25]»

Dale Carnegie : *pour dissiper vos apprébensions, une formule magique*

«Elle est extrêmement simple, et à la portée de tout le monde. Elle consiste en trois étapes :
1) *Je procédai à une analyse courageuse et honnête de la situation; ensuite, je déterminai quelles pouvaient être les conséquences les plus graves de mon échec.*

....

2) *Après avoir ainsi envisagé les conséquences les plus désastreuses qui eussent pu se produire, je me résignai à les accepter au cas où cela devait devenir nécessaire.*

....

3) *A partir de cet instant, je consacrai, très calmement, tout mon temps et toute mon énergie à la recherche d'un moyen susceptible d'atténuer ces conséquences que, mentalement j'avais déjà acceptées.*[8]»

Émile Coué : *circonvenir « La folle du logis »*

«Que ceux qui font de la bicyclette se rappellent leurs débuts. Ils étaient sur la route, se cramponnant à leur guidon, dans la crainte de tomber. Tout à coup, apercevant au milieu du chemin un cheval ou même un simple petit caillou, ils cherchaient à éviter l'obstacle, mais plus ils faisaient d'efforts pour l'éviter, plus droit ils se dirigeaient sur lui.

«A qui n'est-il pas arrivé d'avoir le fou rire, c'est-à-dire un rire qui éclatait d'autant plus violemment que l'on faisait plus d'efforts pour le retenir?

«Quel était l'esprit de chacun dans ces différentes circonstances? Je *veux* ne pas tomber, mais je *ne peux pas* m'en empêcher; je *veux* dormir, mais je *ne peux pas*; je *veux* trouver le nom de madame chose, mais ne *ne peux pas*; je *veux* éviter l'obstacle, mais je *ne peux pas*; je *veux* contenir mon rire, mais je *ne peux pas.*

«Comme on le voit, dans chacun de ces conflits, c'est toujours *l'imagination* qui l'emporte sur la *volonté,* sans aucune exception.

....

«Ainsi donc, nous qui sommes si fiers de notre volonté, nous qui croyons faire librement ce que nous faisons, nous ne sommes en réalité que de pauvres fantoches dont notre imagination tient tous les fils. Nous ne cessons d'être ces fantoches que lorsque nous avons appris à la conduire.[9]»

Henri Pradal

« *L'impuissance au bonheur est une infirmité bien plus fréquente qu'on ne le pense habituellement*, bien qu'elle ne soit pas mentionnée dans les traités de pathologie. Elle constitue une véritable malédiction pour tous ceux qui ne sont pas en mesure de pallier cette insuffisance par la mobilisation des ressources de l'imagination ou par l'utilisation de la créativité personnelle.

« C'est en mettant à exécution ses projets que l'homme peut répondre à l'appel de sa pulsion primitive, mais le projet est par essence individuel, pour ne pas dire égoïste, et sa réussite se heurte obligatoirement aux projets des autres individus, ainsi qu'aux projets de la société. Bien que cette dernière ait tenté de définir, grâce aux apprentissages socioculturels, les formes que doivent emprunter les actions pour devenir gratifiantes, il est évident que la plupart des projets individuels ne peuvent se réaliser. L'échec du projet est, comme nous l'avons déjà vu, l'incapacité de l'excitabilité, de la pulsion primitive, à modifier le monde extérieur. C'est de lui que naît l'angoisse. L'impuissance à agir, liée à l'incompatibilité entre le passage à l'acte individuel et la servitude imposée par l'environnement, est d'autant plus traumatisante que l'homme est véritablement programmé pour l'action.[23] »

Les arbres de Riguet
(solution d'un exercice de la première partie p. 75).

Bibliographie

1. Alain, *Propos sur le bonheur* (Paris, Gallimard, coll. «Idées»).
2. Lou Andréas-Salomé, *Frédéric Nietzsche* (Paris, Grasset, 1932).
3. Bacon, *De dignitate et augmentis scientiarum*.
4. Bergson, *L'Evolution créatrice*, in *Œuvres* (Paris, éd. du Centenaire, P.U.F., 1959).
5. René Boirel, *Brunschvicg, sa vie, son œuvre, sa philosophie* (Paris, P.U.F., 1964).
6. Léon Brunschvicg, *Agenda retrouvé, 1892-1942* (Paris, éd. de Minuit, 1948).
7. Campanella, *De sensu rerum et magia*.
8. Dale Carnegie, *Triomphez de vos soucis* (Paris, Flammarion, 1975).
9. Emile Coué, *La maîtrise de soi-même* (Paris, éd. J. Oliven-Sermaise, Club du livre de l'homme d'action, 1970).
10. Diderot, *Principes philosophiques sur la matière et le mouvement* (1821).
11. Dr Wayne W. Dyer, *Vos zones erronées* (Paris, Tchou, 1977).
12. Epictète, *Manuel*.
13. Laura Fermi, *Atomes en famille* (Paris, Gallimard, 1955).
14. Henri Gastaut, *Le contrôle électronique de la méditation*, in *Le Monde*, 7.8.1974.
15. André Gide, *Journal* (Paris, Gallimard, coll. de la Pléiade).
16. Jean Grenier, *Inspirations méditerranéennes* (Paris, N.R.F., 1940).
17. J.-G. Henrotte, *Yoga et biologie*, in *Atomes*, n° 265.

18. Friedrich Hölderlin, *Werke* (éd. von Helligrath).

19. M. Karlius et L. Andrews, *Biofeedback Turning on the Power of your Mind* (New York, Warner Paperback Library, 1973).

20. Sarma Lakshman, *Etudes sur Ramana Maharshi* (Adyar éd., 1949).

21. Nietzsche, *Von Nützen und Nachteil der Historie für das Leben* (petite éd. Reclam).

22. Dr Victor Pauchet, *Le chemin du bonheur* (Paris, éd. J. Oliven-Sermaise, Club du livre de l'homme d'action, 1967).

23. Henri Pradal, *Le marché de l'angoisse* (Paris, éd. du Seuil, 1977).

24. Antoine de Saint-Exupéry, *Citadelle* (Paris, Gallimard, 1948).

25. Raymond de Saint-Laurent, *La maîtrise de soi-même* (Avignon, éd. Aubanel, 1972).

26. J. H. Schultz, *Le Training autogène* (Paris, Bibliothèque de Psychiatrie, P.U.F., 1972).

27. James D. Watson, *La Double Hélice* (Paris, Robert Laffont, 1968).

Table des matières

Deuxième partie :
Vers plus de sérénité   99

IMPRESSION : BUSSIÈRE S.A., SAINT-AMAND (CHER). — Nº 862.
D.L. 2ᵉ TRIM. 1981/0099/95

ISBN 2-501-00073-0

Imprimé en France

marabout service

L'utile, le pratique, l'agréable

Psychologie

Santé

Vie quotidienne

marabout flash

L'encyclopédie permanente de la vie quotidienne

Horoscopes annuels

Le guide personnel, professionnel et sentimental qui vous donne les
clefs du succès pour les 365 jours de l'année.

Guide astrologique sentimental

Selon votre signe, votre ascendant et votre type planétaire, comment
trouver et garder le partenaire idéal.
12 signes : de Bélier 1 à Poissons 12

Psychologie/Succès